Las tres «R» en la Teoría Crítica del Derecho

Representación, reconocimiento y redistribución en el caso de las jornaleras de Huelva

Las tres «R» en la Teoría Crítica del Derecho

Representación, reconocimiento y redistribución en el caso de las jornaleras de Huelva

Alma Luna Ubero Paniagua

Atelier
LIBROS JURÍDICOS

Colección: Filosofía del Derecho

Director:
Dr. Luis Prieto Sanchís
Catedrático de Filosofía del Derecho

Este libro ha sido sometido a un riguroso proceso de revisión por pares.

© 2025 Alma Luna Ubero Paniagua

© 2025 Atelier
        Santa Dorotea 8, 08004 Barcelona
        e-mail: editorial@atelierlibros.es
        www.atelierlibros.es
        Tel.: 93 295 45 60

I.S.B.N.: 979-13-87867-83-6
Depósito legal: B 20483-2025

Diseño y composición: Addenda, Pau Claris 92, 08010 Barcelona
                    www.addenda.es
Impresión: Podiprint

A Carol, a todas las mujeres de mi vida
y a todas mis amigas sindicales,
porque «las causas por las que luchamos son difíciles,
pero son tan justas que algún día las ganaremos» (Diamantino García).

AGRADECIMIENTOS

Esta monografía pertenece a la parte final de mi trabajo de investigación doctoral. Es la demostración de la necesidad (y utilidad) de la propuesta de una Teoría Crítica del Derecho, que nos explique, no solo la composición de nuestros ordenamientos jurídicos, sino también y lo que es muy importante, las circunstancias en las que se elaboran los mismos y los cuerpos sobre los que recaen esas decisiones.

Y, como todo trabajo de investigación de estas características, no hubiera sido posible sin el apoyo y la ayuda de muchas personas.

En primer lugar, de mi directora de tesis, la catedrática de Filosofía del Derecho, Leonor Suárez Llanos, por darme siempre la máxima libertad para elegir temas, problemáticas y soluciones jurídicas. Por todos los consejos y por todos los cuidados. Llegar a este momento académico de tu mano es un verdadero placer, gracias siempre, Leo.

También gracias a mi familia, a mis amigas y a toda mi red. Hago extensible los agradecimientos de la otra monografía a esta, sin embargo, y por el tema que nos ocupará, aquí me gustaría realizar algunos agradecimientos especiales.

El primero dirigido a la Catedrática de Derecho del Trabajo y la Seguridad Social de la Universidad de Oviedo, Carolina Martínez Moreno, por permitirme acceder a todo su material, que es mucho, sobre las trabajadoras de los frutos rojos de Huelva, por el ánimo que siempre transmite y por los consejos ofrecidos para abordar este caso. Porque tu empuje es el camino que nos guía a las que comenzamos la carrera académica.

El segundo, es el agradecimiento a todas mis compañeras y amigas sindicales. Por enseñarme la importancia de comprender la vida, de comprender lo sindical y de comprender los cuidados y no descuidarnos en ningún momento del camino. Gracias por todas las enseñanzas y por todos los cariños. Sois ejemplos de dignidad y lucha y sois la prueba de la importancia del propio concepto de trabajo, con sus dificultades y aristas.

Aprender de personas tan relevantes del movimiento sindical andaluz y asturiano es algo que siempre llevo conmigo con mucho orgullo. Así que, desde aquí, gracias a todas, y gracias también a las que me permitís continuar en la aventura sindical después de las rupturas dolorosas.

Gracias a todas las compañeras de las distintas organizaciones en las que he podido aprender y colaborar. Gracias a mis amigas de Granada, porque me seguís enseñando lo que significa el feminismo, la solidaridad internacionalista, el antifascismo y la sororidad. Con vosotras mi capacidad de autocrítica mejora, me hacéis mejor persona y me enseñáis día a día. Gracias por enseñarme lo prioritario y por no doblegar. Gracias a mis amigas asturianas porque habéis demostrado una capacidad de resistir y rehacerse que os ha llevado a ser la vanguardia que siempre habéis sido. Gracias por darme la mano en los peores momentos y no soltarme. Gracias a todas por toda la labor que hacéis, sois imprescindibles en la terminología de Brecht.

Aquí, al igual que allí, los dos nombres propios son los de Carolina Tato Garrido y Antonio Carmona quienes nos dejaron huérfanos de dignidad jornalera y de amistad muy temprano. Gracias, Carol, por explicarme a Blas Infante mucho mejor que cualquier académico, por enseñarme que lo primero es la humanidad y que no hay nada más revolucionario que ser buena persona. Gracias, Antonio, por todas las enseñanzas del campo y por todos los cuidados. No hay un solo día que no piense en vosotras y que no desee comentaros algo. Este libro nunca podrá esta completo porque necesito de vosotras en cada momento y en cada concepto.

Gracias, Adri, por tu luz, tu sabiduría, tu asturianía y tu amor.

ÍNDICE

ABREVIATURAS

AENEAS	Asistencia Técnica y Financiera a Terceros Países en Emigración y Asilo
ANAPEC	Agencia Nacional de Promoción del Empleo y de la Competencia
CE	Constitución Española
CEDAW	Comité para la Eliminación de la Discriminación sobre la Mujer
Convenio Colectivo	Convenio Colectivo de los Trabajadores del Campo en la Provincia de Huelva
CUT	Candidatura Unitaria de Trabajadores
ET	Estatuto de los Trabajadores
GECCO	Gestión Colectiva de Contrataciones en Origen
ITSS	Inspección de Trabajo y Seguridad Social
JH	Jornaleras de Huelva
LISOS	Ley de Infracciones y Sanciones en el Orden Social
LPRL	Ley de Prevención y Riesgos Laborales
OIT	Organización Internacional del Trabajo
PAC	Política Agraria Común
PEIA	Pacto Europeo sobre Inmigración y Asilo
SAT	Sindicato Andaluz de Trabajadores
SMI	Salario Mínimo Interprofesional
SOC	Sindicato Obreros del Campo
TCD	Teoría Crítica del Derecho

Prólogo. Un diálogo entre las catedráticas Leonor Suárez Llanos y Carolina Martínez Moreno

Leonor Suárez Llanos: Prologar un libro de quien fue tu doctoranda y hoy es una brillante investigadora es triplemente valioso para quien ahora se sienta a escribir y que enseguida comenzará a dialogar con Carolina Martínez Moreno.

Primero, porque el libro que tiene entre sus manos desarrolla con rigor tres condiciones clave de la protección de los derechos: la *representación*, el *reconocimiento* y la *redistribución*. Y lo hace con la misma exhaustividad con que las proyecta sobre una realidad práctica tan detestable como reveladora: la de las recolectoras temporeras de frutos rojos en Huelva. Este estudio se convierte así en un espejo incómodo de nuestras contradicciones jurídicas y sociales y de las tensiones que atraviesan al Derecho contemporáneo en su relación con el género, la migración, la precariedad y la globalización. Pero, al mismo tiempo, ofrece una propuesta transformadora para la reconstrucción jurídica de esas realidades.

Segundo porque este prólogo no es un texto introductorio convencional, sino un diálogo con mi querida amiga y admirada colega Carolina, persona lúcida, valiente y sólidamente formada en el análisis crítico del derecho del trabajo.

Y, tercero, porque la naturaleza compartida de esta reflexión —sumada al talante y capacidad de mi interlocutora— permite que el diálogo no se limite a constatar lo obvio: las duras condiciones laborales, sanitarias y sociales de las jornaleras de la fresa. Más bien, se adentra en una pregunta esencial: ¿cómo es posible que el mismo sistema que proclama igualdad y dignidad se erija, a la vez, en garante y promotor de la exclusión y la explotación?

Si te parece, Carolina, te propongo hablar aquí de la relación entre el Derecho y la Justicia desde la perspectiva iusfilosófica hasta su concreción en el terreno más práctico del derecho del trabajo.

Y te lo propongo partiendo de una idea que ya me sirvió en otros lugares para profundizar en el concepto de trabajo y en la relación entre el trabajo, la empresa y la persona que trabaja. La idea de que los «trabajos» no son dignos o indignos, sino que sus condiciones pueden ser decentes o indecentes, y que la obligación del derecho del trabajo —a Derecho y tiempo constante— es garantizar esa decencia como expresión de la dignidad humana, una obligación de rango constitucional que nuestro Tribunal Constitucional ha reconocido como guía normativa en la protección de los derechos.

Esta idea convierte a la distinción entre el trabajo como objeto de la relación jurídica contractual y la persona que lo realiza en «una diferencia relativa». Existe un vínculo ineludible entre quien actúa y su actividad, vínculo que determina la «decencia» del trabajo. En sentido inverso, ese mismo vínculo ilumina la indignidad de formas antiguas de organización jurídica —como la esclavitud o la servidumbre— y también de otras contemporáneas que, como la de las jornaleras de Huelva, muestran cómo el Derecho puede respaldar la explotación de la necesidad extrema ajena.

Es cierto que la doctrina jurídica ha insistido —cito aquí a Alonso Olea— en que el avance histórico en la protección del trabajador reside en mantener la distinción entre trabajador y trabajo, y en garantizar que la decisión de trabajar para otro sea jurídicamente libre y voluntariamente adoptada. Sin embargo, estas dos condiciones se vuelven especialmente conflictivas en contextos complejos, globalizados, fragmentados y precarios como los actuales. Y, de otro lado, no pueden servir de excusa para *blanquear*, en nombre de una supuesta voluntad, relaciones jurídicas que en realidad se sostienen sobre la ausencia estructural de alternativas y sobre la humillación de la dignidad humana.

Carolina Martínez Moreno: Antes de nada, debo mostraros mi gratitud por darme la posibilidad de participar en este apasionante experimento de prologar a dos, de forma dialogada, un estudio de estas características, innovador, original, comprometido y muy valiente, necesario sin la menor duda. Un análisis que lleva a cabo una atrevida y sugerente proyección de la teoría del derecho sobre una escalofriante realidad, la de las trabajadoras de los cultivos de frutos rojos en este Sur que nos enamora y nos duele al mismo tiempo y casi en la misma medida. Pero que sin duda sería extrapolable a otras situaciones de personas que trabajan, incluso en el mundo que consideramos civilizado y con derechos, en condiciones inaceptables. No sé si seré capaz de seguir el orden de tu tormenta de ideas, Leo querida, pero, lo primero que llama mi atención es esa muy lúcida y punzante interrogación sobre si existen trabajos ontológicamente decentes o indecentes, o si lo que connota o califica una actividad humana productiva, más cuando se desarrolla en régimen asalariado, son las condiciones en las que esa prestación de trabajo para otro se realiza. Y, efectivamente, proyectada esa idea sobre el paradigma liberal de la validez de emisión de un consentimiento como presupuesto para la licitud y eficacia de un contrato plantea un difícil dilema para el Derecho. A saber, en qué medida es o debe ser medible el nivel de compulsión económica y la fuerza ejercida por la necesidad sobre una voluntad de una persona que asume desarrollar una actividad bajo la sujeción de un poder ajeno en condiciones incluso infrahumanas.

Leonor: Es cierto. Cuando las condiciones más duras del trabajo —horarios interminables, salarios ínfimos, esfuerzo físico desmedido, precariedad estructural, abusos e incluso violencia sobre el cuerpo— se combinan con factores que agravan y marcan a ciertos grupos (género, etnia, origen y pobreza) es complejo defender la limpieza de la voluntad, pero quizá aun más complejo afirmar que la necesidad vicia la voluntad de raíz e imposibilita la contratación.

Te propongo, Carolina, volver a este punto crucial: el consentimiento en relación con las condiciones básicas de la contratación, y más en concreto, los límites de la voluntad en el ámbito laboral.

Si atendemos a los requisitos civiles de la validez causal —licitud y veracidad— a la luz de los derechos fundamentales, lo «lícito» ya no puede reducirse a lo «no contrario a la ley», sino que debe medirse con un parámetro más exigente: su compatibilidad con las condiciones axiológicas que permiten una vida digna y el pleno ejercicio de los derechos de las trabajadoras y trabajadores. Es decir, es necesaria una lectura constitucional que ponga en el centro el reconocimiento de la persona y sus derechos fundamentales.

Aquí caben pocos tópicos tradicionales. En un Estado social y democrático de Derecho como el nuestro, el «orden público» es, en definitiva, el político del art. 10 CE, que se fundamenta en el pluralismo y en el reconocimiento del otro.

Del mismo modo, lo «voluntario» no puede entenderse solo como aquello expresado sin coacción inmediata. Voluntario será también lo que no esté condicionado por pulsiones coactivas estructurales que restringen la verdadera libertad de decisión: la necesidad extrema (incluida, por supuesto, la económica), una discapacidad física o psíquica, o un discurso socioeconómico y cultural que asigna, de manera injustificada, desventajas estructurales a grupos enteros de población históricamente discriminados por razones «sospechosas» como el color de la piel o el género.

Ahora bien, entender que esa debilidad estructural del contratante es un obstáculo insalvable para la contratación, como ocurre con las mujeres marroquíes que recogen los frutos rojos (jóvenes o de mediana edad, provenientes de zonas rurales, con familia a cargo, sin conocer el idioma, sometidas a durísimas condiciones ambientales y sanitarias, y, sobre todo, pobres, como documenta Ubero), tesis por lo demás cercana a la esgrimida por ciertos sectores que se oponen a la contractualización de la prestación sexual, además de incurrir en paternalismo agrava el problema de quien padece la necesidad que le llevaría a aceptar cualquier condición laboral por injusta e infamante que sea.

Pero asumir que las condiciones personales y que la protección de la libertad de la que habla nuestro ordenamiento constitucional consiste en permitir que cada cual asuma cualesquiera condiciones laborales o que las rechace participa de cierta hipocresía que se agrava al posibilitarse entonces todo tipo de excesos e injusticia so excusa de consentimiento.

En síntesis, ambas alternativas adolecen de errores argumentativos y sesgos e incurren en falacias. el primero, por desconocer la agencia de las personas; el segundo, por invisibilizar las coacciones estructurales. Frente a ello, lo recomendable no es prohibir la contratación en contextos de necesidad, sino más bien radicalizar las garantías laborales para quienes se ven obligados a aceptar condiciones que, en justicia, nunca deberían habérseles impuesto.

Carolina: El problema, creo, es que el Derecho ha operado tradicionalmente con esquemas binarios —legal o ilegal, válido o viciado, moral o inmoral—, y lo que tú estás planteando, la misma complejidad social, exige un análisis mucho más sofisticado. Con independencia de que el concepto de moral deba seguir informando las normas jurídicas o guiando su interpretación. Y de que sea asumible que el ordenamiento y quienes lo aplican hayan de incorporar o trasladar e imponer al resto un modelo de moralidad. Y viene muy bien traído a este debate un asunto sobre el que también hemos compartido reflexiones, dudas, dilemas y propuestas, y respecto del que yo no he temido pronunciarme en numerosas ocasiones de manera firme y convencida, el de los trabajos sexuales. Cualquier trabajo o acción del ser humano —sí, también la sexualidad— es indigno si se desenvuelve en condiciones inhumanas, de sometimiento, explotación o sufrimiento extremo. No vamos a engañarnos a estas alturas, trabajando, casi siempre, se sufre. Y eso lo sabían bien quienes lucharon contra la esclavitud y la servidumbre, los impulsores ideológicos y políticos del reformismo social, y los defensores —hasta el día de hoy y el de mañana— de una legislación laboral de progreso. Cosa diferente es que se niegue la capacidad de emitir un consentimiento válido para vincularse a una relación de servicios con contenido sexual sobre el presupuesto incuestionable de que no existiría o no podría existir una voluntad libre; o que se trataría de un contrato con una causa torpe por contravenir la moral social.

En cambio, si se pudiera definir un modelo capaz de llenar de contenido esos valores que imponen límites a la libertad contractual —moral y orden público— con un patrón hermenéutico regido por el respeto a los derechos humanos, tal vez sí sería posible considerar la validez del consentimiento y del contrato mismo a partir de la inasumible aceptación de condiciones próximas a la explotación y la denigración de la persona. Aun así, seguiría resultando muy difícil determinar el valor de una voluntad manifestada desde una situación de extrema vulnerabilidad o necesidad. Pero, claro, esto tiene una lectura ambivalente, como ocurre con la prostitución: ¿quién puede pensar y decidir por mí, cuando necesito imperiosa y urgentemente trabajar para alimentarme o alimentar a mis hijos? ¿Qué grado de intervencionista, incluso moralizante, estamos dispuestas a soportar? Un ejemplo o muestra reciente de lo que digo lo he visto hace poco en una red social en la que un admirado y querido colega se hacía eco de una demanda ante el TEDH a propósito de la calificación de un «contrato de amo-perra», cuyo objeto eran las «prácticas sexuales sadomasoquistas». Quien lo compartió se pregunta cómo es posible que un tribunal interno haya podido dudar de la validez de un contrato que viola flagrantemente los derechos humanos.

Por otro lado, me parece —aunque estoy segura de que habrá quien objete o conteste este postulado— que sería necesario definir un mínimo de condiciones en que habría de resultar aceptable el consentimiento en obligarse a prestar una actividad en la que la individualidad, la corporeidad misma, resultan indisociables de la realización de una actividad productiva y económicamente útil para otro. Y, por consiguiente, la concurrencia o el solapamiento de factores como el género, la etnia, la discapacidad u otras condiciones personales o sociales históricamente asociadas a la segregación, la discriminación y la vulnerabilidad, serían meramente elementos agravantes, o tendrían que ser abordados como variables verdaderamente configuradoras de situaciones de riesgo mucho más insidiosas.

De todos modos, el Derecho también tiene respuesta para esto, como luego precisaré. Pero, por conectar ahora directamente con el delicado momento de la emisión del consentimiento, la normativa de la Unión Europea ya contaba desde hace décadas con una norma que fijaba estándares relativos a la información que es preciso proporcionar a la persona trabajadora en el momento de celebrar un contrato de trabajo. Y que, más recientemente, ha dado lugar a la Directiva (UE) 2019/1152 del Parlamento Europeo y del Consejo, de 20 de junio de 2019, relativa a unas condiciones laborales transparentes y previsibles en la Unión Europea (DOUE-L-2019-81159). Es cierto que esta norma está más bien diseñada para salir al paso de modalidades de prestación del trabajo virtuales, en plataformas digitales o con patrones de distribución del tiempo poco convencionales. Pero el sentido primigenio de la norma antecedente está aún presente, o puede estarlo.

Leonor: Sin duda la transparencia normativa es una condición esencial, te doy toda la razón. Pero hay que proyectarla sobre la realidad de la relación contractual. Por eso es también muy importante garantizar que la norma sea consciente de las limitaciones del consentimiento y de las circunstancias reales potenciando los recursos y garantías. Y, por supuesto, impidiendo que la condición de debilidad del extranjero sirva para eludir las condiciones de protección de los derechos.

En este sentido, me planteo y te planteo si no será la debilidad de la persona extranjera la que potencia los incumplimientos normativos en la protección de los derechos; al fin y al cabo, es el Derecho del que predicamos neutralidad el que selecciona qué conflictos merecen atención y cuáles permanecen en la sombra. Y, de ser así, qué responsabilidad crees que tienen las instituciones al respecto.

Y en este punto pienso especialmente en que la feminización del trabajo agrícola no es casual; porque se busca algo concreto: mano de obra barata, disciplinada, atemorizada y fácilmente sustituible, entre otras muchas cosas, porque la contratación en origen limita la autonomía real de las trabajadoras y las ata a un régimen de obediencia

Carolina: Me propones indagar o detenerme es la que gira en torno a las razones por las que un ordenamiento que pretende garantizar derechos a las personas más vulnerables acaba perpetuando la situación de sometimiento o subordinación, de falta de reconocimiento, en definitiva. Pero esto lo explicó muy bien la crítica marxista a la primera legislación obrera. El reconocimiento formal del sujeto y de sus atributos constitutivos no sólo no garantiza la realización material de los derechos, ni siquiera de los más básicos, sino que contribuye a perpetuar el *statu quo* dominador imperante. De ahí que el Estado social de derecho se haya podido considerar el paso definitivo —al menos por ahora—

hacia la realización de la igualdad material y la justicia. Sin embargo, y pese a todos los dispositivos dogmáticos, institucionales, técnicos y financieros que el Estado social es capaz de desplegar, sus imperfecciones hacen que esos logros estén muy lejos de materializarse. En todo caso, nos gusta pensar que el Derecho del trabajo como lo conocemos forma parte de ese conjunto de medios e instrumentos con que cuenta el Estado social para tratar de compensar o contrarrestar los desequilibrios reales de poder y posición. Y en el caso de las jornaleras, como en otros muchos, es la lucha sindical, amparada y promovida por el propio ordenamiento, la que está siendo capaz, no sin dificultades, de contribuir a dignificar el trabajo de esas mujeres y proteger sus bienes e intereses más preciados. Porque las instituciones, por lo que pudimos comprobar sobre el terreno, no están cumpliendo el papel que les corresponde.

Y, en fin, no estoy segura de que sea el Derecho mismo el que perpetúa situaciones de dominación e injusticia. Prefiero, tal vez hipócrita o cobardemente, pensar en que la norma, con carácter general, es concebida de manera racional y está adecuadamente orientada, y que son los que la interpretan y aplican los que tergiversan su sentido y su intención. Pero esto lo digo sin mucha convicción. Desde luego, en el caso de la fórmula diseñada y empleada para la contratación en origen de las jornaleras, mentes más preclaras y expertas que la mía ya llevan denunciando que es un sistema nocivo, manipulable y perverso.

Leonor: No creo que la confianza en la norma jurídica sea un signo de hipocresía ni de cobardía. Al contrario, sabemos que las situaciones de anomia representan un riesgo grave para la protección de los derechos y dejan en manos de los poderes fácticos la organización social y el reparto del orden. Y no olvidemos que vivimos en un sistema parlamentario democrático, expresión de la soberanía popular, que facilita la justificación normativa.

Ahora bien, aceptado este canto a la norma en un espacio civilizado y democrático, vuelven a asaltarme dudas.

Porque incluso en los contextos sociales más optimistas, garantistas y democráticos, la norma no es neutra: la norma siempre es consecuencia y causa (no necesariamente en este orden) de la situación de los grupos a que se refiere (al prever modelos de actuación, de compromiso y consecuencias respecto de los hechos). El producto final de esas normas (que batallan por la regulación de acontecimientos y relaciones) son enunciados, textos, narraciones, palabras que dicen cosas sobre cosas. Dictados que concretan de forma imaginaria exigencias y narraciones de hechos y relaciones que quedan a espera de asemejarse a situaciones brutas (hechos reales) que acaezcan en la realidad física.

Y es ahí donde aparece el reto: alguien debe ser capaz de enlazar ese «deber ser» normativo con la realidad de la turbulenta película de las circunstancias socioeconómicas e ideológicas (p.ej., el hecho de separar a niños y niñas o a niños de una etnia de niños de otra etnia en el colegio ¿es un modelo pedagógico o una práctica discriminatoria? ¿son iguales estos hechos?).

Las normas, también las que consideramos «buenas y justas», resultan «indeterminadas» e «inciertas» en relación con la concreción de los hechos jurídicos, pero, a la vez, son imprescindibles frente a la anomía e interesado voluntarismo (la regulación laboral de los permisos retribuidos y acumulables de los permisos por el hecho de «lactancia son una muestra). En el caso de las mujeres trabajadoras marroquíes y pobres se van anudando hechos y condiciones que fomentan interpretaciones aplicativas injustas pero acomodadas al texto normativo que hacen dudar del equilibrio y buen sentido de la normatividad.

Déjame, entonces, zarandear un poco tu «buena conciencia» normativo-positiva con la advertencia de los males de los que tú también eres muy consciente y crítica: el bienintencionado iuspositivista corre a veces el riesgo de convertirse al rigorismo victoriano en la concepción legal. Y no me refiero solo a lo formal, incluyo lo sustantivo. La aplicación ciega en favor de la seguridad jurídica, muchas veces, se sirve de la indeterminación normativa (varias respuestas jurídicas a un caso son posibles en el marco del texto de la norma) para mantener intactas las estructuras de exclusión y sus condiciones sustantivas tradicionales de falta de reconocimiento y representación y de injusta distribución. La pantalla abstracta de la igualdad y de la neutralidad normativa sirve, demasiado a menudo, para justificar (neutralidad descriptiva) el *status quo* (del orden y seguridad).

A ello se refiere este trabajo de investigación de Alma Luna Ubero, a la ejecución de la «representación», el «reconocimiento» y la «redistribución» de quienes no disfrutan en pie de igualdad de sus derechos. Y es que, el concepto de clase lejos de haber desaparecido se fortalece cuando la neutralidad jurídica sobrepasa la obligación de la descripción adecuada de la norma para imponer la obligación de «no intervención» (¿neutralidad?) en las injusticias manifiestas.

Y aquí enlazo con un asunto en el que tú eres experta y muy crítica en favor de los derechos de los trabajadores y trabajadoras: la reducción de la jornada laboral. Sobre el papel, la modificación legislativa debería garantizar derechos. En la práctica, sin embargo, la supuesta neutralidad normativa encubre desigualdades y frena cambios estructurales. La oposición conservadora reciente no se limita a cuestionar minutos de trabajo; esconde un rechazo más profundo: al control de ingresos, a la lucha contra el fraude a la Seguridad Social, a la posibilidad de un reparto más justo del tiempo, del empleo y del ocio. Asunto que además de económico han destacado en su dimensión ideológica los tres frentes conservadores (central, radical y nacionalista).

Carolina: Creo que el panorama de la actual legislatura no sirve del todo bien para una reflexión más abstracta y teórica sobre todas estas cuestiones que planteas. Pero, por no orillar la discusión, y tratando de retomar el debate y llevarlo a un terreno más centrado, en efecto, la legislación laboral o social más en general siempre se ha desenvuelto en el contexto de la confrontación ideológica y política, entre visiones contrapuestas de lo que ha de ser el orden socioeconómico. Y con lecturas sobre su significado también sesgadas ideológicamente, entre quienes consideraban que era herramienta emancipadora de las clases trabajadoras desfavorecidas, y quienes lo contemplaban como un instrumento perpetuador de la dominación y de la pervivencia del sistema capitalista.

El debate sobre la reducción de la jornada reproduce casi con total exactitud —salvando los matices del nivel intelectual, dialéctico y cultural de las personas que representan e los bandos contrincantes— el que tuvo lugar la última vez que se promulga una norma legal sobre la jornada máxima, en 1983. Y, *mutatis mutandis*, no deja de ser una continuación de lo acontecido a principios del siglo XX. Y en este punto recuerdo una idea que le escuché exponer hace tiempo a mi admirado y añorado Aurelio Desdentado, a propósito de la dispar legitimidad del Derecho legislado, supuestamente fruto de la racionalidad democrática, y del resultante del Diálogo Social, fruto de los acuerdos entre los agentes sociales, más fácilmente integrable en la realidad del sistema productivo y en el día a día de las relaciones laborales, pero mucho más vinculado a intereses corporativos o de clase.

En todo caso, el ordenamiento laboral se caracteriza por integrarse de instituciones producto del reconocimiento de la autonomía colectiva, organizativa, normativa, de autocomposición, resolución autónoma y expresión de los conflictos, que se presuponen capaces de dar mejor respuesta que la propia norma legal a las controversias características de la parte de la realidad sobre la que se proyecta el corpus normativo. Pese a todo, estoy de acuerdo en que, pese a todo, hay colectivos y bolsas de población asalariada, formalmente reconocidas como tales o, más aún, en la economía irregular y el trabajo sumergido, donde ni siquiera esas instituciones son capaces de llegar y cumplir su cometido.

Leonor: Quizá lo que muestra una y otra vez el Derecho como hecho, es que el reconocimiento formal de derechos convive bien con su incumplimiento sistemático, de tal forma que se mantiene la contradicción entre un Derecho que se proclama protector y un mercado que lo vacía de eficacia. Y creo que es deber crítico iusfilosófico, pero también del Derecho laboral tratar de reducir y limitar esas formas fácticas de imposición del poder a través del Derecho.

Carolina: Es que, junto a todo lo que llevamos dicho ya, hay que tener en cuenta que la misión de aplicar el derecho, de interpretarlo y proyectarlo sobre cada caso concreto, y vigilar por su cumplimiento y sancionar, en su caso, los incumplimientos dependen de personas que, por mucho que formalmente prediquemos su independencia y neutralidad, no dejan de tener su ideología y su cosmovisión. En el peor de los casos, conflictos de intereses o intereses espurios que contaminan cada decisión. Esto es un verdadero problema difícil de resolver.

Leonor: No hace mucho dialogaba con una brillante colega y amiga tuya y mía, Ángeles Ceinos, sobre el concepto de *trabajador* en tiempos de globalización. Hoy se emplea a hombres y mujeres en trabajos temporales lejos de sus hogares, o a trabajadores extranjeros que prestan servicios a distancia para empresas nacionales. En este escenario, la determinación de las condiciones laborales desborda el marco tradicional de la relación entre trabajador y empresa, y, sometida todavía a inercias ideológicas sobre el «valor» de las personas, reduce drásticamente —y a menudo de manera inaceptable— la protección de quienes trabajan. Quizá la figura de la trabajadora migrante sea la que mejor evidencia cómo la ciudadanía opera como un filtro de derechos, generando sujetos de segunda categoría. ¿No crees, Carolina, que esto obliga a repensar el concepto mismo de trabajador y la forma de su protección, diversa y particular?

Y en este ámbito me parece que la «activación judicial» es esencial, porque ayuda a esclarecer las claves reales de protección de los derechos de las personas en cada caso. Como también lo son la «activación doctrinal» y la «activación social», indispensables para enfrentar discursos acomodaticios o interesados — los «apesebrados»— y asumir de frente la realidad (discriminación interseccional de la mujer/pobre/madre/marroquí) como negación del ser y afirmación de lo que aún no es, pero debe ser.

Creo que hay pocas formas más honestas y jurídicamente seguras de ser iuspositivistas optimistas pero sin caer en la ingenuidad de los patrones del poder establecido en todos los niveles. Todo iuspositivista (y todo demócrata) normal reconoce que el juez tiene facultades de interpretación y juicio discrecional dentro del marco del Derecho positivo. Facultades que deben ejercerse dentro de los márgenes de discrecionalidad razonable, en coherencia con el sistema normativo y con plena racionalidad en los procesos de decisión.

La propuesta de «activación judicial» supone asumir con responsabilidad la indeterminación esencial del Derecho respecto de los derechos fundamentales. Y exige, además, planteamientos rigurosos, conforme a los principios y valores superiores de nuestro ordenamiento constitucional y europeo, que fortalezcan la previsibilidad jurídica y, a la vez, la efectividad de las garantías. La activación, así entendida, permite romper con la esclerosis normativa que perpetúa injusticias.

Pero ello solo es viable si esa «activación judicial, doctrinal y social» se orienta hacia concepciones progresistas y expansivas de los derechos y eficaces en su protección. Porque, al fin y al cabo, la garantía y desarrollo de los derechos fundamentales constituye la esencia de un modelo democrático y un imperativo constitucional. No debemos erosionar este mandato desde dentro, ni siquiera en nombre del pluralismo democrático.

En este punto, y teniendo en cuenta que además de tu recorrido teórico, tienes una brillante experiencia judicial y práctica ¿crees que es recomendable la «activación judicial, doctrinal y de los agentes sociales en favor de la protección de los derechos y del ordenamiento constitucional?

Carolina: La actividad jurisdiccional está también, necesariamente, ordenada por las normas del Estado social y democrático de derecho. Y existen en la Constitución, en las normas orgánicas y en la legislación tanto sustantiva como procesal, valores superiores, principios informadores y reglas positivas que han de servir como parámetros y criterios capaces de guiar u orientar adecuadamente la labor de aplicación que corresponde a los jueces y tribunales. Con sentido y alcance también emancipador y superador de los sesgos y las discriminaciones reales. Por poner un ejemplo muy claro, el valor informador e interpretativo que al principio de igualdad entre mujeres y hombres le atribuyó ya la *LO 3/2007, de 22 de marzo, para la igualdad efectiva de mujeres y hombres*, y que, con carácter más general o integral, reproduce y refuerza la *Ley 15/2022, de 12 de julio, integral para la igualdad de trato y la no discriminación*. Que, últimamente, han dado paso a lo que se ha dado en llamar el enjuiciamiento «con perspectiva de género». Por cierto, muy cuestionada desde ciertos sectores. O el más sofisticado aún «control de convencionalidad» que ha permitido a muchos enjuiciamientos hacer una lectura corregida de la norma interna a la luz de los compromisos internacionalidad adquiridos o asumidos por España. Igualmente, sometido a un duro escrutinio de la doctrina y la jurisprudencia ordinaria y constitucional. De todas formas, conviene no perder de vista que entre la interpretación conforme de la norma a la luz de los principios y valores del derecho internacional y de la Constitución, y de esos parámetros interpretativos que habilita la normativa legal, y el mero voluntarismo y activismo judicial, peligroso en cualquier sentido que se desarrolle o manifieste, hay una frontera muy difícil de trazar.

Leonor: Finalmente, y en relación con las jornaleras, aunque complicado, ¿te parece que es posible un derecho laboral realmente protector, que luche contra la explotación y que supere la lógica de la mercancía y reconozca a las jornaleras como sujetos plenos de derechos, no como engranajes descartables de la producción?

Carolina: Hace décadas que la OIT acuñó el término de «trabajo decente», que está igualmente inscrito en las orientaciones que inspiran el Pilar Europeo de Derechos Sociales, y que propugna considerar cualquier tipo de trabajo, amparar bajo el paraguas protector de la noción de «trabajador» a cualquier persona, por frágil que sea su conexión con el mercado y una actividad productiva. Universalizar, por así decir, ese suelo de garantías y de tutela para todas las personas, y que no quede nadie en los márgenes. Pero algo me dice que la realidad y las derivas geopolíticas van por otros derroteros.

En fin, las dos creemos que el derecho del trabajo es la disciplina que goza de mejor salud crítica. Una salud crítica que tiene mucho que ver con la axiología subyacente al origen de esta aún novel disciplina que, desde el comienzo de su «formalización institucional», en buena medida, se negó a rendir pleitesía a los centros de significación, poder e interés establecidos para afiliarse a la empresa de la «justicia para con», y de la «dignidad de», las personas. Y con esta vocación de principio enfrentó y se enfrenta a muchas de las dogmáticas del deber, del interés y de la positividad firmemente establecidas y, también, a viejas instituciones aparentemente incuestionables —ya sostenidas y justificadas desde Aristóteles, y más atrás—que, tras su pretensión de neutralidad, paradigmáticamente la *locatio conductio*, fortalecen el afán de empoderamiento de los privilegios al emplear un contrato de arrendamiento de servicios libre sobre un contratante débil.

En este sentido, me parece tan negativa la habitual desconexión entre la iusfilosofía y los estudios de derecho de trabajo, como alabable un libro que como el que presenta Alma Luna Ubero conecta de forma directa el análisis conceptual y teórico crítico con un caso real que da buena cuenta de las condiciones estructurales del ordenamiento social, económico y jurídico. Y avisa, además, de que la situación y lucha de las jornaleras de Huelva no es un caso aislado, sino una vía abierta a concepciones ideológicas estructurales que, aun en los sistemas que proclaman la igualdad, son instrumentos que legitiman y discriminan sistemáticamente en la aplicación de las condiciones de protección de los y las trabajadoras.

Leonor: Querida Carolina, siempre es un placer dialogar contigo, y más sobre estas cuestiones que invitan a reflexionar críticamente sobre el Derecho como un cuerpo vivo y orientado a la protección de los derechos. El Derecho no puede ser letra muerta: es, al contrario, campo de batalla, resistencia frente a lo dado, cuestionamiento de lo que parece evidente, posibilidad de reconocimiento y de verdadera redistribución.

El caso de las jornaleras de Huelva ilustra, con crudeza, las enormes dificultades conceptuales y prácticas de decidir qué tipo de justicia queremos para nuestra sociedad. Por eso resulta imprescindible —como hace Alma Luna Ubero en esta obra— seguir relatando críticamente la realidad y proponiendo cambios de concepción: tanto del papel de las normas como de la responsabilidad de quienes las elaboran, interpretan y aplican. Solo así, vigilando con rigor su cumplimiento, lograremos que ese marco de garantías despliegue efectivamente sus fines y cumpla la promesa que justifica su existencia

Carolina: Me parece que, por el momento, es de nuevo la movilización y la acción sindical desarrollada por las Jornaleras de Huelva en Lucha y su prolongación, la organización Sindical Obrera Andaluza —que se autodefine como sindicato de clase, unitario, feminista y asambleario—, el modo o el cauce por el que, lenta, trabajosa y dolorosamente, se avanza en esa pugna por una efectividad del derecho protector y garante, salvando todas las dificultades institucionales y prácticas que hemos estado describiendo. En una traslación práctica y crudamente real de lo que podríamos denominar el Derecho crítico del trabajo y su aplicación adaptada a la efectiva defensa de los derechos humanos. Doctrinalmente, en la doctrina iuslaboralista, ese enfoque global o integral lo podemos encontrar en la obra de los profesores Jesús Martínez Girón, Alberto Arufe Varela y Xosé Manuel Carril Vázquez (2025), *Derecho Crítico del Trabajo, Critical Labor Law*, 5ª edición, Atelier. Y, desde luego, a avanzar en esta constructiva y transformadora visión del derecho contribuirá sin la menor duda el libro de Alma Luna Ubero que ahora prologamos.

Carolina Martínez Moreno y Leonor Suárez Llanos
Oviedo, 19 de septiembre del 2025.

Introducción. ¿Por qué Teoría Crítica del Derecho? ¿De quién y para quién?

> *«Hay algo que aprendí hace tiempo —contestó Adams—, y es que si no preguntas, te ahorras dar explicaciones».*
> Patrick Radden Keefe.

Con este trabajo queremos demostrar la necesidad de teoría y praxis desde el pensamiento crítico. En él abordamos el caso de las Jornaleras de los frutos rojos de Huelva, en adelante JH, presentándolo como un caso de realismo crítico y como el ejemplo paradigmático para la fundamentación de la necesidad de una Teoría Crítica del Derecho, en este caso de una Teoría del Reconocimiento jurídico.

En otro lugar[1], propusimos la construcción de una Teoría Crítica del Derecho que atendiese a distintas cuestiones apuntadas por varias corrientes crítico-jurídicas. Eso nos llevó a elaborar una teoría crítica del reconocimiento que giraba sobre tres ejes: el propio reconocimiento, la redistribución y la representación. Veamos con algo de detenimiento las características de nuestra propuesta de Teoría Crítica del Reconocimiento para dar respuesta a los primeros interrogantes de ¿por qué?, ¿de quién? y ¿para quién?

¿Por qué necesitamos de una Teoría Crítica del Derecho?

En nuestra propuesta, el concepto crítico de reconocimiento jurídico se compone de dos elementos orientadores, el primero de ellos es la justicia redistributiva y, el segundo, la representación jurídica.

---

1. UBERO PANIAGUA, A. (2025) *Teoría Crítica del Derecho. Una teoría del reconocimiento jurídico a través de diez corrientes críticas del Derecho.* Atelier. https://doi.org/10.71237/HH81T4o1

La justicia redistributiva es la finalidad del reconocimiento y la comprenderemos, y este es el quiz de la cuestión, no solo en términos económicos, sino también en términos de protección de los derechos.

Uno de los elementos fácticos centrales en la constitución de la justicia (o injusticia social) es una desigualdad económica que no podemos ni obviar ni esconder y que permea nuestra existencia en cualquier parte del planeta de forma latente y permanente.

Sobre este hecho social de la desigualdad económica, la finalidad que busca la teoría del reconocimiento es la justicia redistributiva.

El hecho social se constituye, en amplia medida, porque la premisa de la desigualdad se naturaliza y la asumimos como un «modo de vida»[2]. En este sentido, la tesis que aquí seguimos destaca el funcionamiento del sistema neoliberal mediante la atención y el ejercicio ideológico que se realiza desde los sujetos que ostentan el poder representativo (y, por tanto, económico). La naturalización de la desigualdad que nos acompaña desde la cuna es producto de un ejercicio ideológico extraordinario.

Aquí vemos que aparece la función ideológica del discurso para legitimar la desigualdad a través de acciones que aparentan ser neutras y no responder a planteamientos ideológicos; porque quienes ostentan el poder fáctico, que es económico, político y jurídico, garantizan su representatividad y su ventaja distributiva en el convencimiento de la necesidad de perpetuar y mantener la estabilización del neoliberalismo evitando la guerra de las ideas[3] y favoreciendo la estabulación masiva de la racionalidad (que permite concebirla como productiva mientras no se mueva y ofrezca los productos de mercado deseados).

Con el «neoliberalismo»[4] nos referiremos, entonces, al sistema económico actual que traspasa el espectro económico hasta convertirse en una realidad social y cultural. Un neoliberalismo que puede entenderse como un proyecto que nunca conseguirá completarse «que busca encontrar soluciones políticas para subordinar la actuación de los poderes públicos al fomento de la competencia de mercado en ámbitos crecientes de la vida social. Dichas soluciones deben

---

2. Siguiendo a d'Eramo tenemos que: «La desigualdad, a estas alturas, no es más que una constatación tan previsible y obvia que nos exime de preguntarnos acerca de los motivos. (...) [L]a desigualdad ha cobrado la apariencia de un fenómeno del todo natural, ya transformado de contingente en ineluctable». D'ERAMO, M. (2022) *Dominio. La guerra invisible de los poderosos contra los súbditos.* Barcelona: Anagrama. Argumentos, pág. 277. [Ed. Original: (2020) *Dominio. La guerra invisibile dei potente contro i sudditi.* Milán: Giangiacomo Feltrinelli Editore].

3. «Nos han convencido hasta tal extremo que «ideología» es una palabrota que ya no nos atrevemos siquiera a utilizarla, cuando el valor neurálgico de la ideología lo reconoce hasta el Pentágono. (...) El mecanismo mediante el cual se expresan y absorben las ideologías es el relato. (...) Tal vez sea el momento de reaccionar ante esta negación de la realidad, y desenmascarar el eufemismo económico: nos han convencido de que la riqueza no debe redistribuirse y de que es justo que las corporaciones residan en paraísos fiscales, de que los multimillonarios no paguen impuestos (...)». *Ibid.,* pp. 15-16 y 286.

4. Los orígenes del término se asocian a Louis Rougier en el Simposio Walter Lippmann, París, 1938.

tener un grado mínimo de aceptación social y su obtención es más fácil en democracias limitadas»[5].

Frente a él, se precisan nuevos modelos, categorías, contenidos, sujetos, modos de conocer y objetivos y no viejas herramientas de un capitalismo clásico de producción y consumo que está ya superado[6].

La lucha contra la injusticia distributiva y la desigualdad está siempre presente en la teoría crítica, sea clásica o poscrítica. La distinción entre teorías críticas clásicas y poscríticas nos permite atender a los puntos nodales de cada una, así, en las teorías críticas clásicas encontramos que solo suelen atender a la cuestión de clase o a una categoría que produce sujetos inferiores. Es el caso de las teorías críticas elaboradas desde la Escuela de Frankfurt o del marxismo clásico/ortodoxo. Mientras que en las teorías poscríticas la atención se agranda a diversas categorías que, normalmente, suelen ser las que producen las discriminaciones interseccionales. Es decir, partiendo de las elaboraciones teórico-críticas clásicas, las poscríticas van elaborando teorías más complejas que atienden a diversas situaciones de discriminación, vulnerabilidad o exclusión de los sujetos afectados.

En este punto interesa atender a una de las cuestiones que de forma más problemática recorre las teorías de las necesidades, el merecimiento o el interés: quién debe responder y sufragar la mala suerte de cada cual. Una cuestión que abordaba, entre otros, García Amado cuando se refería a las situaciones de desigualdad y a quién responde por la suerte de cada persona, para hacer una primera distinción entre las cuestiones que producen desigualdad. La suerte al nacer tiene dos componentes, los dones naturales con los que nacemos cada persona y la cuna en la que nacemos. Es la cuna la que interesa analizar aquí puesto que es la que recoge la facticidad de la desigualdad con la que abríamos esta introducción. Atender al hecho que indica que depende del lugar donde nazcamos estaremos en una situación determinada, nos permite abordar las cuestiones de distribución de oportunidades, nos permite construir una teoría de la

---

5. RODRIGUES, J. (2022) *O Neoliberalismo não é um slogan*. Lisboa: Tinta da China, pág. 23.

6. En este mismo sentido *Vid.* FRASER, N. (2020) *Los talleres ocultos del capital. Un mapa para la izquierda*. Madrid: Traficantes de Sueños, pág. 9. [Ed. Original: 1. (2014) «Behind Marx's Hidden Abode: For an Expanded Conception of Capitalism» en *New Left Review*, n° 86, marzo-abril. 2. (2014) «Can Society Be Commodities all the Way Down? Post-Polanyian Reflections on Capitalist Crisis» en *Economy and Society*, vol. 43, n° 4. 3. (2017) «Why Two Karls are Better tan One: INtegrating Polanyi and Marx in a Critical Theory of the Current Crisis» en BOHMANN, U. (Ed.) *A Critical Theoyr of Politics Today*, Berlin: Suhrkamp Verlag. 4. (2016) «Contradictions of Capital and Care» en *New Left Review*, n° 100, julio-agosto. 5. (2018) «Is Capitalism Necessarily Racist?» en *Proceedings and Addresses of the American Philosophical Association*, vol. 92. 6. (2019) «Democratic Crisis as Capitalist Crisis: Beyond Politicism» en KETTERER, H. y BECKER, K. (Eds.) *Was stimmt nicht mit der Demokratic?Eine Debatte mit Klaus Dörre, Nancy Fraser, Stephan Lessenich und Hartmut Rosa*, Berlín: Suhrkamp Verlag. 7. (2009) «Feminism, Capitalism and the Cunning of History» en *New Left Review*, núm. 56, marzo-abril. 8. (2013) «A Triple Movement?» en *New Left Review*, núm. 81, mayo-junio. 9. (2017) «From Progressive Neoliberalism to Trump- and Beyond» en *American Affairs*, vol. 1, n° 4. 10. (2012) «On Justice» en *New Left Review*, n° 74, marzo-abril].

justicia que atienda a un Estado con unas funciones y no otras, nos permite buscar un equilibrio jurídico que se juste a las necesidades de cada persona y, sobre todo, nos permite comprender que libertad y propiedad son dos caras de la misma moneda[7].

Aquí es donde ya podemos otorgar una respuesta al por qué de la necesidad de una Teoría Crítica del Derecho, porque la Teoría del Derecho ha quedado incompleta y obsoleta al no atender a estas cuestiones, entendidas como cuestiones centrales, de nuestro ámbito de estudio. No se trata de un mero reclamo subjetivo, se trata de ofrecer las respuestas que no consiguieron otorgar las distintas teorías del Derecho. ¿Cómo elaboramos una Teoría del Derecho en la que no se aborden las cuestiones de reconocimiento y de representación si cualquier elemento jurídico girará en torno a esto?

Para dar respuesta a esta interrogante, como interrogante central en nuestro trabajo, nos zambullimos de lleno en el debate del reconocimiento ofreciendo respuestas a cuestiones tales como la construcción del sujeto jurídico o para ofrecer un concepto de trabajo que no sea excluyente.

En un primer momento se plantea el debate de reconocimiento frente a la redistribución como un debate en el que las partes deberían elegir entre dos campos opuestos. Así, se nos explicaba que la política de la redistribución se enmarca en la política de clase, mientras que la política del reconocimiento es relativa a la política de la identidad[8].

Bien, entendemos que las políticas de la identidad deben estar dentro de las políticas de «clase», es decir, deben ser insertadas y atendidas en las políticas de reconocimiento. No se puede atender a la lucha por el reconocimiento racial o de género sin atender a la cuestión de clase que les atraviesa. Por tanto, la línea que sigue este trabajo es proponer este debate no como una disyuntiva, sino entender que el reconocimiento requiere como instrumento para sus fines de la justicia redistributiva. Y que, a la par, no cabe desarrollar una justicia distributiva que no parta de una teoría crítica del reconocimiento, o se volverá al mismo punto de la mala distribución y la reificación de partida.

La finalidad del reconocimiento se desarrolla en varias cuestiones: la primera de ellas, abordar la cuestión económica como una cuestión preeminentemente normativa; la segunda, continuar fundamentando una teoría de la justicia contemporánea; y, la tercera, ofrecer un cierre lo más completo posible de la teoría del reconocimiento acogiéndonos a los teóricos críticos económicos que frecuentemente olvidan las teorías jurídicas.

---

7. *Cf.* GARCÍA AMADO, J. A. «¿Quién responde por la suerte de cada uno?» en PEÑA, L., AUSÍN, T., y DIEGO, Ó. (Eds.) (2010) *Ética y Servicio Público*. Madrid: Plaza y Valdés, pp. 49-79.

8. *Cf.* FRASER, N. y HONNETH, A. (2018) *¿Redistribución o reconocimiento?* Madrid: Morata. [Ed. Original: (2003) *Umverteilung oder Anerkennung?* Frankfurt: Suhrkamp Verlag], pág. 21. La repuesta elaborada por Fraser a la teoría del reconocimiento de Honneth es una de las principales vías de vinculación de la justicia redistributiva con el reconocimiento. *Vid.* FRASER, N. (2020) *op. cit.*, pág. 139.

La justicia exige, entre otras cuestiones, redistribución y se compone de varias dimensiones como son la representación que da lugar al reconocimiento y que, en última instancia, busca la redistribución[9]. Y en la misma dirección, el sentido contrario, la justicia distributiva promueve el reconocimiento pero ella misma debe ser promovida desde formas críticas de reconocimiento y representación. Por tanto, si se realiza un análisis sobre la justicia, se debe abordar la necesidad de la redistribución partiendo de la idea de que es el Derecho el instrumento que «puede servir, al mismo tiempo, como vehículo y como remedio de la subordinación»[10].

Aquí se establece que la finalidad instrumental del reconocimiento es la redistribución porque posibilita «determinaciones lo bastante abstractas para recoger la multitud de reivindicaciones distintas y, si es posible, vincularlas a un núcleo normativo»[11]. Un núcleo normativo que acoge a todas las múltiples reivindicaciones de la redistribución frente a la subordinación económico-política y que tiene que ver con la «clase», pues no reconocer a ciertas personas y colectivos, a ciertas clases, es mantener un *statu quo* determinado que mantenga la desigualdad latente.

Es verdad que la «cuestión de clase» se ha vaciado a lo largo del tiempo[12]. Desde el origen del concepto de «clase» la situación sociopolítica ha cambiado tanto que, aunque no ha quedado obsoleto, sí se ha ido vaciado de contenido y/o se ha manipulado interesadamente (p.ej., clase trabajadora, clase media, etc.).

De ahí que, como hemos venido haciendo a lo largo de nuestras investigaciones, el intento de acentuar las cuestiones que pueden servir para el debate de clases nos impide abordar las cuestiones poscríticas como algo «meramente cultural». Tomamos en serio el concepto de «clase» como se reclama en los debates teórico-académicos[13] y en los debates sociales.

---

9. Aquí realizamos una variación sobre las tesis que ofrece Fraser para quien «la justicia exige tanto la redistribución como el reconocimiento» y para quien existen «dos dimensiones de la justicia, la dimensión del reconocimiento y de la distribución». FRASER, N. en FRASER, N. y HONNETH, A. (2006) *¿Redistribución o reconocimiento? Un debate político-filosófico*. Madrid: Morata, pp. 19 y 53.

10. *Ibid.*, pág. 165.

11. *Ibid.*, pág. 104.

12. Aquí nos alejamos de la tesis que entiende que el proletariado era la quintaesencia de todo el descontento social y entendemos que hay que superar esa idea. HONNETH, A., en *Ibid.*, pág. 101. Nos alejamos de esa tesis porque seguimos creyendo que es la esencia de todo el desconecto social, sin embargo, que debemos atenderlo completándolo. Entendiendo el concepto como vacío de contenido en la medida en que se trata de un concepto histórico y no puede utilizarse de manera anacrónica.

13. *Cf.* BUTLER, J. en BUTLER, J. y FRASER, N. (2016) *¿Reconocimiento o redistribución? Un debate entre marxismo y feminismo*. Madrid: Traficantes de sueños. [FRASER, N. (1995) «From Redistribution to Recognition? Dilemmas of Justice in a 'Post-Socialist' Age» in *New Left Review*, I, 212, July- August disponible en: https://newleftreview.org/issues/i212/articles/nancy-fraser-from-redistribution-to-recognition-dilemmas-of-justice-in-a-post-socialist-age ; BUTLER, J. (1998) «Merely Cultural» in *New Left Review*, I, 227, January-February, disponible en: https://newleftreview.org/issues/

En efecto, cualquier persona o colectivo marginalizado lo es como causa y efecto de su situación productiva. Y tanto al género[14], como a la raza, como parte de la vida material debido a dos motivos. El primero es por la disposición (servicio) que tienen ambas categorías frente a la división sexual del trabajo y, el segundo es porque el género, una vez que lo tenemos como concepto normativo, «se pone al servicio de la reproducción de la familia normativa»[15].

¿Desde dónde se enuncian estas teorías críticas del Derecho?

Afinar un concepto como el de proletariado no es sencillo (y supera los objetivos de esta investigación) puesto que es un concepto histórico y que, en la actualidad se ve afectado por muchas cuestiones. Cuestiones que afectan al debate con la identidad y se pueden incluir en la globalización[16], los nacionalismos, la difusión de las fronteras de clases sociales que se han vuelto más porosas, entre otras. Basta a los objetivos de este trabajo, vincular el concepto a todos los sujetos pasivos de la teoría del reconocimiento[17] que han sido marginalizados en la protección de derechos de nuestros ordenamientos jurídicos, los que aquí nos ocupan son las jornaleras de los frutos rojos de Huelva.

Las relaciones sociales institucionalizadas, «y no un estado psicológico»[18] son las que normativizan a los sujetos jurídicos y su falta de reconocimiento y nos encasillan en clases que asumimos socialmente. La diferencia entre las distintas corrientes jurídico-críticas estriba en cómo abordan estas relaciones sociales, de ahí que en el interrogante ¿de quién son estas teorías críticas del Derecho? O, si se prefiere, desde dónde se elaboran estas teorías, vamos a fijarnos en algo más que en una decena de enunciaciones. Todas se diferencian, como acabamos de introducir, en cómo enfocan y priorizan los elementos que conforman estas relaciones sociales ya institucionalizadas. Y cada una aborda los conceptos de una manera determinada, por eso nos tuvimos que servir de varias de ellas para ofrecer conceptos lo más completos posibles de las tres «R».

Las corrientes críticas que aquí nos van a ofrecer más soporte son aquellas que denominábamos poscríticas por ser las que atienden a las categorías de

---

i227/articles/judith-butler-merely-cultural and FRASER, N. (1998) «Heterosexim, Misrecognition and Capitalism: A Response to Judith Butler» in *New Left Review*, I, 228, March-April, disponible en: https://newleftreview.org/issues/i228/articles/nancy-fraser-heterosexism-misrecognition-and-capitalism-a-response-to-judith-butler], pág. 67.

14. De igual manera sucede con la sexualidad.

15. *Ibid.,* pág. 80.

16. En este sentido se pronuncia con un análisis exhaustivo de la modificación que produjo la globalización en los debates sobre la justicia Nancy Fraser en FRASER, N. (2006) «Reinventar la justicia en un mundo globalizado» en *New Left Review*, nº 36, pág. 31. También sobre estas cuestiones se pronuncia la autora en el prefacio de FRASER, N. (2020) *op. Cit.,* pp. 9-13.

17. En la relación de reconocimiento nos encontramos con el sujeto activo y el sujeto pasivo, este es aquel que en la situación de poder se encuentra en desventaja, es el sujeto reconocido por el sujeto activo. Y, «el poder se lo otorga ostentar los medios de producción». UBERO, A. (2025) *op. cit.,* pág. 206.

18. BUTLER, J. y FRASER, N. (2016) *op. Cit.,* pág. 92.

clase, raza y género simultáneamente ofreciendo una crítica más compleja y completa. Si bien la Escuela de Frankfurt nos ofrece el soporte en los debates sobre el reconocimiento, principalmente la tercera generación de la Escuela con Honneth a la cabeza, serán las corrientes orientadas a la crítica de género y de raza aquellas que más útiles serán en este trabajo. Entonces para dar respuesta al cuestionamiento «¿desde dónde se nos ofrecen estas teorías críticas del Derecho?» decimos que se trata de corrientes críticas que aparecen, mayoritariamente en Europa y en América del Norte, también desde América del Sur (Argentina y Brasil) y América Central (Costa Rica) pero siempre desde instituciones académicas[19]. Los matices que encontramos entre ellas los reinterpretamos, esta vez de manera práctica, en el capítulo tercero sobre las vías de solución.

Abordemos a continuación la cuestión de a quién va dirigida esta crítica.

¿Para quién se elabora la Teoría Crítica del Derecho?

Pues bien, la problematización social de los sujetos no reconocidos jurídicamente exige «teorías de la justicia ... tridimensionales e incorporar la dimensión política de la representación junto a la dimensión económica de la distribución y la dimensión (...) del reconocimiento»[20]. Puesto que estas teorías críticas lo que se proponen es ofrecer respuestas donde solo había problemas, en nuestro caso con las teorías del Derecho, persiguen servir a cualquier persona que se encuentra excluida del circuito jurídico de los sujetos de Derecho, que no ve eficazmente cumplidos sus derechos y que se sitúan en un lugar de oscuridad tanto para la teoría como para la práctica jurídica.

De ahí que nuestro concepto nuclear sea el reconocimiento, ya que nos ofrece el marco conceptual adecuado, o si se prefiere necesario, «para desentrañar las experiencias sociales de injusticia en su conjunto»[21]. Teniendo en cuenta que «superar la injusticia significa desmantelar los obstáculos institucionalizados que impiden a algunas personas participar en condiciones de igualdad con el resto, esto es, como partes de pleno Derecho en el proceso de interacción social»[22].

Esa injusticia social se supera comprendiendo el relato, el discurso jurídico, en el que se sustenta el sistema neoliberal que se define por, seguimos a Fraser, la protección a la propiedad privada, la acumulación de valor, los mercados libres de trabajos y el resto de condiciones para la producción de mercancías[23]. Que dependen, directamente, de «tres condiciones primordiales cruciales relacionadas respectivamente con la reproducción social, la ecología del planeta y el poder político»[24].

---

19. Para el análisis completo de las aportaciones de estas corrientes atiéndase a los capítulos cuarto, quinto, sexto y séptimo de UBERO, A. (2025) *op. cit.*, pp. 99 y ss.
20. Se elimina conscientemente la palabra «cultural» de la dimensión cultural del reconocimiento para que se cuente como una dimensión también material y económica. FRASER, N. (2006) *op. Cit.*, pág. 35.
21. FRASER, N. y HONNETH, A. (2006) *op. Cit.*, pág. 106.
22. FRASER, N. (2006) *op. Cit.*, pág. 35.
23. *Vid. Ibid.*
24. FRASER, N. (2020) *op. Cit.*, pág. 26.

Esto nos obliga a conectar las distintas dimensiones de las corrientes críticas[25] para comprender los mecanismos del sistema si queremos superar los déficits de injusticia que presenta.

El otro elemento orientador y constitutivo del concepto crítico del reconocimiento jurídico es la representación jurídica.

De la misma manera que la justicia redistributiva es la condición, causa y efecto del reconocimiento, ahora abordamos a la representación jurídica como instrumento y causa de ese reconocimiento. Todo en la teoría del reconocimiento se dirige a la obtención de la representación política, estamos ante la causa y el objeto del reconocimiento.

Si tradicionalmente el sujeto es el elemento central de la relación en un sentido formal, para las teorías críticas, el sujeto (representante y representado) es igualmente central pero ahora en un sentido material y sustantivo, en cuanto persona real, situada y «marcada» interseccionalmente. De ahí que las corrientes críticas hayan tenido puntería en el tiro realizado: son los distintos sujetos que se quedan fuera del circuito jurídico a los que se debe atender para comprender la importancia de la representación jurídica.

Es en el sujeto donde encontramos diferencias importantísimas en el trato y el ordenamiento jurídico es uno de sus más importantes representantes. Algunas autoras vinculan estos tratos diferentes a la identidad entre el sujeto jurídico, denominándolo como «sujeto de derecho» y el sujeto unitario autopresente de la modernidad. Al predicar la «eficacia política» como atributo de ese sujeto, y solo de ese sujeto, se hace un compromiso con un constructo particular de actividades de reclamo de derechos como expresión formal de «ciudadanía activa» en el contexto del Estado democrático moderno»[26]. De ahí que se otorgue un papel central a los conceptos elementales de la teoría política moderna y, lo que aquí nos interesa, al reconocimiento y la representación de los sujetos jurídicos.

De la misma manera que ocurría con el Derecho y con el reconocimiento, la representación se presenta como una lucha por la misma. Hemos dicho que no se puede dividir su concepción del propio reconocimiento, de ahí que la misma solo se pueda conseguir a través de «luchas» (la necesidad de «lucha», de reproche y convulsión en el proceso de la evolución del Derecho la explicó bien Jhering), en ocasiones encarnizadas, para que todas las personas sean sujetos jurídicos y

---

25. En este mismo sentido se manifiesta Fraser cuando expone que «los paradigmas recibidos de la teoría crítica (...) suelen ser unidimensionales, centrados sobre todo en la economía, [mientras que] la crisis actual es multidimensional. [De tal forma que] Solo una teoría multidimensional puede captarla». *Ibid.,* pág. 55.

26. McCLURE, K. en MOUFFE, C. (Ed.) (2012) *Dimensiones de democracia radical. Pluralismo, ciudadanía, comunidad.* Argentina: Prometeo Libros, pág. 143. [Ed. Original: (1992) *Dimensions of Radical Democracy. Pluralism, Citizenship, Community*]. Si bien debido a las pretensiones de este trabajo dejamos para otra ocasión la crítica al concepto de ciudadanía, se puede entender que mucha de esa crítica es la que estamos recogiendo aquí bajo el concepto de sujeto de derecho.

estén en igualdad de condiciones para su representación, reconocimiento. Y obtengan una «justicia redistributiva» que permita «reconocer» las condiciones de vida digna de los sustantivamente «representados»[27]. Al final se trata de la lucha por el poder necesario para controlar el discurso jurídico.

---

27. En este sentido también se pronuncia Fraser cuando entiende que «la falta de reconocimiento, no significa desprecio y deformación de la identidad de grupo, sino subordinación social, en tanto que imposibilidad de participar como igual en la vida social. Para remediar esta injusticia sigue siendo necesaria una política de reconocimiento; no obstante, de acuerdo con el «modelo de status», esta deja de reducirse a una cuestión de identidad, implica una política que aspire a superar la subordinación reestableciendo a la parte no reconocida como miembro pleno de la sociedad, capaz de participar a la par con el resto». FRASER, N. (2000) «Nuevas reflexiones sobre el reconocimiento» en *New Left Review,* n° 4, pág. 61.

Capítulo primero. El «realismo jurídico» del caso de las «Jornaleras de los frutos rojos de Huelva»

Más que trabajar en bibliotecas,
se trataba de inventarlas.
Andrés Neuman.

En primer lugar, partimos de la comprensión del Derecho como lenguaje. Lenguaje que cuenta con dos características propias, por un lado, el carácter mitológico y, por otro lado, el carácter ideológico. La manifestación natural del Derecho es el lenguaje y, su forma de ser es lingüística[28]. Su objeto de estudio es lenguaje y este delimita su existencia porque el Derecho fuera del lenguaje no puede existir[29]. Por eso la analítica es central al conocimiento jurídico, pues ofrece una epistemología lingüística que conoce un lenguaje del Derecho que encierra todo lo que se conoce de ese Derecho y, por tanto, es ese Derecho.

El lenguaje jurídico como herramienta del estudio y como forma natural de ser del Derecho tiene dos características que condicionan lo que va a resultar conocido y el modo en que se conocerá: Se trata de un lenguaje natural y tiene carácter abierto y necesitado de interpretación significativa y valorativa.

Como la forma de ser del Derecho es lingüística, toda norma, principio, valor que componga nuestros ordenamientos jurídicos o bien tienen que adoptar una

---

28. *Cf.* ROBLES MORCHÓN, G. (2006) *El Derecho como texto. Cuatro estudios de teoría comunicacional del Derecho.* Navarra: Aranzadi, pág. 21.
29. *Cf.* ROJAS, V. M. (2016) «Cuatro paradigmas de la epistemología jurídica.» en *Revistas Jurídicas,* nº 16, México: UNAM, pág. 417.

forma lingüística determinada o bien tienen que poder ser reducidas a ella[30]. Este carácter lingüístico del Derecho queda evidenciado en la importancia de los estudios de la semiótica, de la interpretación, de la hermenéutica y todos los relacionados con la filosofía del lenguaje que inspiran muchas áreas de conocimiento de la iusfilosofía[31].

Pero las corrientes críticas nos permiten abordar este carácter lingüístico del Derecho atendiendo no solo a lo elaborado lingüísticamente, sino también a los silencios que construyen el lenguaje jurídico. A través de las construcciones lingüísticas y los silencios vincularemos el lenguaje de los discursos jurídicos con la ideología[32] intrínseca en ellos y con la base mitológica que los sostiene.

Los aspectos míticos se ven no solo construidos, sino también reforzados por los silencios, por las censuras, por los desplazamientos que se conforman en, y alrededor del, discurso jurídico[33]. Además, en el discurso jurídico se asienta el poder y se distribuye en la sociedad tanto en las acciones como en las omisiones que se establecen en el Derecho[34], ya que es el discurso jurídico el que busca la creación de sentido a partir del ejercicio de la ideología. Pudiera ser o está ya

---

30. *Cf.* CAPELLA incide en esta idea exponiendo que «todo Derecho tiene por condición de existencia la de ser formulable en un lenguaje». CAPELLA, J. R. (1968) *El Derecho como Lenguaje*, Barcelona: Ariel, pág. 28.

31. Un ejemplo de esto también es la Teoría comunicacional del Derecho que «se define a sí misma como una teoría de los textos jurídicos, en atención a que en ella juega un papel central el concepto de texto jurídico. (...) Hay que entender todo ordenamiento jurídico como un gran texto escrito formado por textos concretos; como una totalidad textual integrada por textos parciales». ROBLES MORCHÓN, G. (2007) *Pluralismo Jurídico y Relaciones Intersistémicas. Ensayo de Teoría Comunicacional del Derecho*. Navarra:Aranzadi- Thomson Civitas, pp. 27-28. Que, a su vez, va de la mano con la corriente del Derecho como Literatura. Otros autores apuntan a la importancia de la filosofía del lenguaje para el Derecho destacando el desarrollo realizado desde «contribuciones tempranas hasta publicaciones de la teoría estructurante y la teoría analítica del Derecho». KLATT, M. (2017) *Hacer el Derecho explícito. Normatividad semántica en la argumentación jurídica*. Madrid: Marcial Pons, pág. 41.

32. Movernos en el ámbito de la filosofía, de la razón práctica, hace que no podamos escapar de la íntima relación entre ideología y el universo social. Siguiendo a Capella nos encontramos con la permeabilidad de lo social, y lo jurídico: «las ciencias sociales son todavía muy permeables a la ideología. La reflexión moderna sobre el derecho ha tendido a contemplarlo como cerrado en sí mismo -esto es, tratando de hacerlo enteramente calculable de antemano, respondiendo así a la exigencia de seguridad del capitalismo concurrencial-, y a considerar «lógica» la evolución del derecho, como si la suya fuera una historia autónoma, para la que los aspectos no jurídicos de la sociedad resultaran irrelevantes. Introducirse en la comprensión crítica del derecho, en cambio, exige referirlo constantemente, sin perder de vista su especificidad, a su complejo entramado con otros aspectos de la vida social». CAPELLA, J. R. (1997) *Fruta Prohibida. Una aproximación histórico-teorética al estudio del derecho y del estado*. Madrid: Trotta, pág. 25. Precisamente, poner en práctica esta cita tan larga es a lo que dedicaremos nuestros esfuerzos a lo largo de todo esta obra puesto que no podemos prescindir de la mediación ideológica en el Derecho ya que eso nos haría contemplarlo «como mero aparato de fuerza física». CAPELLA, J. R. (1976) *Materiales para la crítica de la Filosofía del Estado*. Barcelona: Fontanella, pág. 131.

33. *Cf.* RUIZ, A. E. C. (2013) *Teoría Crítica del Derecho y cuestiones de género*. México: Suprema Corte de Justicia de la Nación, pág. 12.

34. *Cf. Ibid.,* pág. 10.

probado que la teoría de lo ideológico sea una parte de una teoría más general de la producción social del sentido[35].

En la estructura del discurso jurídico nos encontramos con el enmascaramiento del poder y con las aperturas a interpretaciones que permiten garantizarlo y, además, contribuir a preservar esta íntima relación entre poder y Derecho[36].

Todo ello se posibilita e instrumentaliza a través del carácter abierto del lenguaje o imposibilidad de ofrecer unas ideas cerradas mediante el lenguaje, ya que siempre estarán expuestas a distintas interpretaciones[37] y distintos significados tanto por la persona que las difunde como por las personas que las reciben[38].

De hecho, cuando el lenguaje jurídico procede de la neutralización previa de los elementos subjetivos del lenguaje legal[39] y la correspondiente creación del discurso[40] jurídico, lo que se hace es una «depuración», una limpieza del lenguaje hasta que parezca neutral y el discurso jurídico resulte exitoso. Pero esa limpieza se produce a través de la ideología. Por eso comprendemos al Derecho no solo como lenguaje, ya que, «no puede dejarse algo tan importante como la lengua en manos de los lingüistas»[41].

Y por eso interesa ahora completar la visión de lo que va más allá del lenguaje del Derecho a través de los dos componentes mitológico e ideológico que apuntábamos hace un momento; dos elementos ya identificados por Barthes[42] como la esencia de discurso.

---

35. En este sentido VERÓN, E. (1987) *La Semiosis Social. Fragmentos de una teoría de la discursividad*. Barcelona: Gedisa, pág. 19. Quien también nos aclara que no existe un «discurso ideológico», como sí que existen los discursos científicos, políticos o publicitarios, debido a que «lo ideológico no es el nombre de un tipo de discurso (ni aun en el nivel descriptivo), sino el nombre de una dimensión presente en todos los discursos producidos en el interior de una formación social, en la medida en que el hecho de ser producidos en esta formación social ha dejado sus «huellas» en el discurso (y también (...), dimensión presente en toda materia significante cuyo sentido está determinado socialmente». *Ibid.,* pág. 17. El discurso cuenta con un funcionamiento que depende de dos gramáticas diferenciadas, una de producción y otra de reconocimiento. *Ibid.,* pág. 20.

36. *Cf.* RUIZ, A. E. C. (2013) *op. Cit.,* pp. 10-11.

37. Al comenzar la carrera ya se nos explicaba que existe un precepto del Código Civil español que cuenta con más de mil de interpretaciones.

38. *Cf.* CARRIO, G. R. (1973) *Notas sobre Derecho y Lenguaje*. Buenos Aires: Abeledo-Perrot, pág. 44.

39. *Cf.* CAPELLA, J. R. (1968) *op. Cit.,* pág. 254.

40. Verón entiende que «la noción de discurso corresponde (...) a un cierto enfoque teórico en relación con un conjunto significante dado». VERÓN, E. (1987) *op. cit.,* pág. 17.

41. Recogida por Guedán y Trillo en la Nota de los Editores de VALLE, J. del (Ed.) (2015) *Historia Política del Español. La creación de una lengua*. Madrid: Aluvión, pág. xiv.

42. Recordemos que Barthes entiende que el discurso se compone de los tiempos, los aspectos y los modos del relato. *Vid.* BARTHES, R. et al. (1970) *Análisis estructural del relato*. Buenos Aires: Ed. Tiempo Contemporáneo, pág. 15. [Ed. Original: (1970) *L'analyse structurale du récit. Communications*, nº 8]. Y dentro de los aspectos tenemos la construcción de los sujetos que, sin embargo, no se comprenden sin el tercer nivel: los modos del relato, en el caso que aquí nos interesa, la narración, *Ibid.,* pág. 32, que no se puede comprender sin atender al contexto que la rodea.

Al señalar que las bases del lenguaje y del discurso jurídicos son mitológicas e ideológicas, tratamos de destacar que aquello que el lenguaje traslada como conocido en el marco social de los lenguajes naturales se integra de una sucesión de ideas de muy distinto contenido y que, entre otras cosas, tienen que ver, con el interés, la emoción, el azar, las coyunturas económicas, ideológicas, etc. Precisamente esto es lo que analizamos en esta obra.

Así, al situarnos en la esfera del pensamiento crítico debemos estar muy atentas desde los elementos básicos que conforman nuestro ámbito de estudio. Para llegar a ello propusimos el empleo de una metodología hermenéutica poscrítica, es decir, aquella que atiende a todo aquello que se ha obviado tradicionalmente. Nos fijamos en los márgenes y en los silencios de nuestros ordenamientos jurídicos, es un ejercicio fuera de lo que acostumbramos a realizar en lo jurídico pero que nos abre puertas, precisamente, a corrientes que no serían consideradas como jurídico-críticas desde la visión hegemónica. La hermenéutica (pos)crítica permite investigar el discurso jurídico en sus aspectos explícitos, implícitos, verbales y no verbales y desvelar qué encubre lo que se muestra y lo que no se dice.

Para que esta hermenéutica cumpla su objetivo y método poscrítico debe atender también a la «hermenéutica diatópica»[43]. Con ella, tratamos de completar la hermenéutica crítica atendiendo al eje de las culturas no occidentales y no reconocidas, lo que permite enriquecer con el diálogo las distintas culturas, pues las culturas son incompletas[44], pero también son inadecuadas al efecto de reconocer la verdadera consistencia de los sujetos concretos. Por eso, nuestra propuesta es desarrollar una hermenética postcritica que incorpra la inteligibilidad inter y transcultural pero corrigiendo a su vez la homogenización cultural de la diatópica hermenéutica con la reivindicaciñón poscrita de las comprensiones originales de los sujetos olvidados, reificados en toda cultura.

De ahí que la hermenéutica diatópica es una muestra paradigmática de la crítica al universalismo. Porque se «aprovecha» del relativismo cultural para, en palabras de Aguiló, crear: «una situación aprovechable que reclama tejer, por medio del diálogo intercultural, redes de inteligibilidad entre las distintas voces (…) [y que también] aspira a ser (…) un procedimiento epistemológico y político de interpretación y confrontación entre alteridades con vistas al descubrimiento de *tópoi* interculturales que favorezcan la comunicación recíproca y el entendimiento mutuo»[45].

---

43. Se llega a esta concepción hermenéutica a partir de la comprensión del mundo como una cuestión histórica que supera la visión occidentalocéntrica. SOUSA SANTOS, B. de (2005) *El milenio huérfano. Ensayos para una nueva cultura política.* Madrid: Trotta, pág. 153. Es una propuesta que, originalmente, aparece como un ejercicio de traducción de saberes, es «un trabajo de interpretación entre dos o más culturas con el objetivo de identificar preocupaciones isomórficas entre ellas y las diferentes respuestas que proporcionan». *Ibid.,* pág. 175.

44. *Cf.* SOUSA SANTOS, B. de (2005) *op. cit.,* pág. 177.

45. AGUILÓ BONET, J. A. (2010) «Hermenéutica diatópica, localismos globalizados y nuevos imperialismos culturales: orientaciones para el diálogo intercultural» en *Cuadernos interculturales,* vol. 8, núm. 14. Chile: Universidad de Playa Ancha, pág. 156.

Esta hermenéutica diatópica permite analizar y elaborar una sociología de las ausencias, pero también una sociología de las emergencias. Y en este sentido poscrítico es en el que nos interesa. Es decir, se atiende y se teoriza sobre lo que no existe (sociología de las ausencias), que al ser construidos como imposibles con esta sociología se facilita su existencia, se posibilitan[46]; de igual manera, la sociología de las emergencias apunta al futuro y atiende a la capacidad de elaborar alternativas de «saberes, prácticas y agentes [mediante] (…) una ampliación simbólica [de los mismos]»[47].

Como en el marco jurídico todo lo que no es comunicable no es Derecho necesitamos de la hermenéutica poscrítica para saber lo que no se dice en el lenguaje jurídico, el símbolo de lo que no es comunicable[48] y el contenido mitológico e ideológico de los «rebajados» en la jerarquía normativa.

El problema es que, a pesar de todos los esfuerzos, el intérprete nunca «puede liberarse abstractamente de su situación hermenéutica de partida, ya se ocupe de objetivaciones contemporáneas o de tradiciones históricas. No puede sin más sobrepasar el horizonte abierto de la propia praxis vital ni suspender sin más el conjunto de tradiciones a través del cual ha formado su subjetividad»[49]. Vuelve aquí el histórico problema iusfilosófico sobre las posibilidades de conocimiento de los observadores interno y externo.

Nuestros esfuerzos para deconstruir la acción ideológica se centran en el discurso jurídico donde encontramos la inmensa dificultad de diferenciar entre lo científico y lo ideológico. Porque, si todo lenguaje contiene ideología, ¿dónde podemos encontrar una ciencia y un científico neutral e imparcial? ¿o es que esto no es posible en el Derecho en ninguna circunstancia?

Por más encerrados que estemos en nuestro sistema de comprensión, como la mosca en la botella de Wittgenstein, la consciencia del cristal, los reflejos de la diferencia, la asunción de la posibilidad crítica y de insatisfacción frente a lo que creemos conocer abre una vía razonable al cuestionamiento y al conocimiento crítico. Planteamiento en el que es iluminador Verón.

Entendemos que todo discurso se ve sometido a sus condiciones de producción, es decir, todo discurso está situado en un momento histórico determinado que ofrece unas condiciones para que se produzca y no podemos ni escapar a ellas ni obviarlas. Por ello la hermenéutica poscrítica, tanto desde la hermenéutica de lo no-dicho como desde la hermenéutica diatópica se fijan en que «la

---

46. *Cf.* SOUSA SANTOS, B. de (2005) *op. Cit.,* pág. 160.

47. *Ibid.,* pág. 169.

48. *Cf.* BENJAMIN, W. (2019) *Iluminaciones.* Madrid: Taurus. [Ed. Original: (1972) *Essayauswahl.* Frankfurt am Main: Suhrkamp Verlag], pág. 40.

49. HABERMAS, J. (1982) *Conocimiento e interés.* Madrid: Taurus, pág. 187. En este mismo sentido «con la reflexión hermenéutica se problematiza la apropiación (lingüística) de las tradiciones que compartimos intersubjetivamente y sin las cuales no podría operar nuestra razón, ya que las ha hecho suyas». ARTETA, M. (2016) «La hermenéutica crítica de Habermas: una «profundización» de la hermenéutica gadameriana» en *Contrastes. Revista Internacional de Filosofía.* Vol. XXI- n°2, pág. 32.

cientificidad no es más que la relación del discurso con lo extra-discursivo» o si se prefiere: «La cientificidad no es más que la relación del discurso con lo (…) real (…) bajo el efecto ideológico, el discurso aparece como teniendo una relación directa, simple y lineal, con lo real; dicho de otra forma: aparece como siendo el único discurso posible sobre su objeto, como si fuese absoluto»[50]. De ahí que sea imprescindible atender a lo ideológico, por un lado, para ratificar que se trata de una dimensión estructural que envuelve cualquier práctica social[51] y, por otro lado, para conocer las cuestiones que encierra que una ideología se presente como no-ideológica, neutral y aséptica.

Entonces, si el discurso siempre se nutre del componente ideológico para la construcción de sentido, el análisis de los discursos, en este caso jurídicos, «abre camino al estudio de la construcción social de lo real»[52] y son los que permiten atender a los silencios que permiten el no reconocimiento y a los diálogos con otras culturas, históricamente silenciadas.

El discurso jurídico es el eslabón principal pero también el resultado final de esta hermenéutica poscrtítica.

En todo eso nos hemos basado aquí para ofrecer este análisis práctico. Pero, ¿por qué la necesidad de analizar un caso práctico? Precisamente porque desde el pensamiento crítico entendemos que no existe teoría sin práctica y queríamos demostrar su utilidad.

Atender a un caso de discriminación interseccional en el ámbito laboral nos permite aportar más fundamentación al concepto de trabajo de manera crítica en el mismo sentido que lo hace la catedrática de Derecho del Trabajo de la Universidad de Oviedo, Carolina Martínez Moreno, cuando nos explica que existe ya una división profunda entre los distintos tipos trabajos, aquellos considerados decentes, otros considerados atípicos, marginales, precarios y otros considerados de excepción[53] en los que encontraremos a determinados colectivos de personas. Lo que aquí proponemos es la reflexión sobre cómo no es casualidad que ciertos tipos de colectivos estén condenados, condenadas, a situarse siempre en los trabajos peor calificados, en términos lingüísticos, en términos salariales y de dignidad y derechos laborales.

Y, efectivamente, contar con el concepto de trabajo como un concepto central nos genera la necesidad de comprender el sistema en su máxima complejidad. Esta complejidad es la que nos llevó a comprender este caso como un caso de

---

50. VERÓN, E. (1987) *op. Cit.*, pág. 23.

51. *Cf. Ibid.*, pág. 25. En palabras del propio autor: «lo ideológico es el nombre de las condiciones que hacen posible el conocimiento. (…) Lo que hace que un discurso que se supone describe lo real sea un discurso científico no es una pretendida ausencia de ideología. Lo ideológico está siempre necesariamente presente en el discurso de la ciencia. (…) La distinción entre cientificidad y el efecto ideológico es un asunto de reconocimiento y no de producción. (…) En un discurso, es la exhibición de su ideológico lo que produce la cientificidad». *Ibid.*

52. *Ibid.*, pág. 126. Además, nos añade el autor que «toda producción de sentido tiene una manifestación material». *Ibid.*

53. MARTÍNEZ MORENO, C. (2024) «Trabajo decente» en *Cátedra Concepción Arenal de Agenda 2030*. Disponible en: https://www.youtube.com/watch?v=5GZwhm-puAE

«realismo crítico» siguiendo las líneas establecidas por Shapiro sobre «Political Jurisprudence»[54], que es una extensión de elementos concretos de la «sociological jurisprudence» y del realismo jurídico. Cuya premisa principal es considerar al Derecho como una parte integrante del sistema y no ya como un organismo independiente que carece de entorno. Esto implica una conciencia absoluta y continua, así como una especialización profunda sobre aspectos políticos de la interacción del Derecho con la sociedad para poder ofrecer una descripción del impacto jurídico y concreto en la distribución del poder en los distintos componentes una sociedad concreta. Esta «Political Jurisprudence» se comprende como un nuevo institucionalismo en la medida en que se sumerge a intentar explicar que las estructuras duraderas de la conducta humana son las que conforman y delimitan los recursos, las normas y los valores y no los toman como un conjunto dado o preestablecido[55]. Esta corriente del «realismo crítico» está orientada a los análisis empíricos de la justicia y de la injusticia en sus relaciones con los ciudadanos y con el Estado, actuales y futuras. Atendiendo a cuestiones como la influencia de la condición ideológica de lo legal que no debe ser subestimada ni obviada. Así como a la implicación de los procesos legales en los procesos sociales psicológicos[56], y es distinto del realismo jurídico cuyas principales corrientes las encontramos en el realismo jurídico norteamericano donde el lugar central lo ocupa el juez como máximo intérprete del Derecho y con la expulsión de la centralidad de la lógica jurídica sustituyéndola por la experiencia y en el realismo jurídico escandinavo donde la atención se centra en el dualismo sujeto-objeto donde se critica a los conceptos jurídicos tradicionales[57]. Es por ello que consideramos que el «realismo crítico» es la corriente idónea para situar el caso que nos ocupa.

Veamos cómo fundamentamos todo esto.

---

54. *Vid.* SHAPIRO, M. (1963) «Political Jurisprudence» en *Kentucky Law Journal.* Vol. 52, Issue, 2, pp. 294-295.

55. *Cf.* SMITH, R. M. (1988) «Political Jurisprudence, The «New Institutionalism», and the Future of Public Law» en *The American Political Science Revie,* Mar. Vol. 82, n° 1, pág. 98.

56. *Cf.* SARAT, A. (1983) «The Maturation of Political Jurisprudence» en *The Western Political Quarterly,* Dec, vol. 36, n° 4, pág. 556.

57. *Vid.* CAMPOS, F. J. (2010) «Nociones Fundamentales del Realismo Jurídico» en *Revista de Ciencias Jurídicas,* n° 122, pp. 203 y 208.

Capítulo segundo. Aplicación de la teoría crítica del Derecho a un caso complejo y paradigmático

Varias generaciones de criaturas de clase obrera
crecimos así, imaginando mundos enteros en las mismas nadas
que podían terminar siendo nuestros lechos de muerte.
Alana S. Portero

1. EL PROBLEMA SOCIAL COMO PROBLEMA JURÍDICO Y POLÍTICO

El caso de las JH es un caso de alta proyección y hondo significado político y jurídico. El análisis que aquí presentamos es un ejemplo de «realismo crítico», que entiende que la teoría se asimila a la práctica, que existe una vinculación sustancial entre Derecho y poder, y que ambas cosas se desarrollan y constituyen dinámicamente día a día. De tal forma que, entendemos que existe una vinculación substancial entre poder y Derecho, en el que los jueces no son ni la única, ni la última realidad, así como tampoco componen la exclusiva legalidad[58]. Así como que el Derecho se comprende en la medida en que el respeto al mismo viene de la mano de su legitimidad, inseparable de su legalidad[59].

---

58. *Cf.* DÍAZ, E. (2009) «Realismo crítico y Filosofía del Derecho» en *DOXA. Cuadernos de Filosofía del Derecho*, 32, pág. 101.

59. En palabras de Elías Díaz: «el respeto a la ley, que incluye obediencia, su legitimación, base de su legalidad (realismo), exige —también por coherencia interna— plantear los problemas

Es decir, se propone una concepción positiva crítica que busca soluciones adecuadas a problemas concretos, trascendiendo un rigorismo formalizador que tras su aparente cientifismo y «neutralidad» encubre la «subordiscriminación»[60] de las personas que pertenecen a ciertos grupos. Grupos que los poderes establecidos interesadamente tratan de mantener en la oscuridad, la alteridad y el infradesarrollo.

El caso al que nos referiremos no es de los que habitualmente se ponen bajo la luz del análisis positivista tradicional, sino uno que se desarrolla en el marco positivo de los problemas políticos y jurídicos reales.

Se trata del caso de las Jornaleras de los frutos rojos de Huelva, conocidas como las Jornaleras de Huelva (en adelante JH). Un caso que adquiere una forma compleja al contar con múltiples aristas, todas ellas controvertidas, sobre el que trataremos de proyectar algunas de las condiciones y consecuencias de la Teoría Crítica del Derecho (en adelante TCD). Y que es representativo de la TCD en acción porque refiere una situación de abusos de distintos niveles y naturalezas centrados en marcas estigmatizadoras que el Ordenamiento Jurídico parece dar por correctas respecto de la identificación y calificación del sujeto laboral. Unos abusos que se agregan a una amplia lista de vulnerabilidades que determinan su selección como trabajadoras, en este caso, del campo onubense.

---

de legitimidad, estos que son más propios y específicos de la filosofía jurídica y política (realismo crítico) (...). Se trata, en síntesis, de determinar cuándo y en qué condiciones merece de verdad la ley el respeto de todos y de cada uno de los ciudadanos». DÍAZ, E. «Realismo Crítico: notas sobre Derecho y Justicia» en RAMOS PASCUA, J. A. y RODILLA, M. Á. (Eds.) (2006) *El Positivismo Jurídico a examen. Estudios en homenaje a José Delgado Pinto*, Salamanca: Ediciones Universidad de Salamanca, AQUILAFUENTE, nº 95, pág. 862. En el mismo sentido *Vid.* DÍAZ, E. (2009) *op. cit.,* pp. 106-107.

60. Concepto que propone comprender la discriminación desde una redefinición como categoría jurídica cuyo origen lo encontramos en el reconocimiento de los distintos sistemas de dominación existentes. Hace explícita una ruptura con la igualdad en contexto de dominación en el que se produce y que lo diferencia de la ruptura con la igualdad en situaciones en las que no tiene porqué existir una situación de dominación. Cf. BARRÈRE UNZUETA, M. y MORONDO TARAMUNDI, D. (2011) «Subordiscriminación y Discriminación Interseccional: elementos para una teoría del Derecho Antidiscriminatorio» en *Anales de la Cátedra Francisco Suárez*, 45, pág. 28. La discriminación a la que se refiere la subordiscriminación se entiende como intergrupal y se prefiere hablar de «discriminación estructural» antes que de «desigualdad estructural» y en la que nos encontramos con un concepto dinámico que obliga a reconocer el papel de producción y de reproducción, por parte tanto del Estado como de la propia cultura jurídica, de estas discriminaciones. Y, también obliga al Estado a intervenir para que no realice esas discriminaciones por vía de la omisión. BARRÈRE, Mª. Á. (2008) en MESTRE I MESTRE, R. (Coord.) (2008) *Mujeres, Derechos y Ciudadanías.* Valencia: Tirant Lo Blanch, pp. 57-58. Vid. Complementariamente el análisis al concepto de discriminación de Barrère en BARRÈRE, Mª. Á. (1997) op. cit. En palabras de la autora, el concepto de «subordiscriminación» permite evitar los problemas que acarrean otros términos, «los adjetivos institucional, estructural y sistémica resultan hasta tal punto intercambiables que pierden una significación propia; (...) ninguno de los términos refieren por sí mismos, al poder sobre; y, (...) en las diferentes definiciones queda eclipsado el elemento básico del concepto de discriminación, como es el «trato». *Vid.* BARRÈRE UNZUETA, Mª Á. (2019) *Feminismo y Derecho. Fragmentos para un Derecho Antisubordiscriminatorio.* Argentina: Eds. Olejnik, pág. 332.

Las personas afectadas son mujeres contratadas en pueblos marroquíes para realizar los trabajos del campo de temporada en los campos de Huelva[61]. Mujeres jóvenes y de mediana edad, procedentes de lugares rurales de Marruecos, con familia a su cargo, que no comprenden el idioma que se habla en el lugar al que vienen a desarrollar un trabajo físico muy duro, en condiciones ambientales y sanitarias muy deficientes y que, por supuesto, son pobres.

Advertimos aquí que los «patrones de injusticia» e ilegitimidad jurídica que sufren estas mujeres son un caso paradigmático, otro más, de lo que la TCD objeta reiteradamente como las tropelías de un Derecho tan indeterminado en su concreción como preciso para proteger unas categorías de interés frente a otras.

A raíz de la denuncia colectiva que se interpuso en 2018 sobre el caso de las JH, se puso en evidencia que a pesar de la grave situación en relación con la protección de las personas y los grupos, no se trata de una situación extraordinaria, al menos en su significado de extraña, en el ámbito laboral de las trabajadoras del campo. De hecho, con él se mostró la situación habitual a la que se enfrentaban históricamente las trabajadoras agrícolas.

La denuncia por violaciones de los derechos y la dignidad de las personas la sacan a la luz medios internacionales[62], y termina interponiéndose en 2018 con la representación de Women's Link, ONG internacional y feminista. Inicialmente la información de abusos sobre las JH parecía centrarse en los abusos sexuales, pero aun a estos se sumaban algunos más también muy graves. Y esto contribuye a convertirlo en especialmente representativo.

En efecto, el caso de las JH es paradigmático porque está compuesto por distintas situaciones de vulnerabilidad jurídica que se dan simultáneamente. Por eso, cada trabajo teórico que se enfrenta a este caso da buena cuenta de que es posible abordarlo dando prioridad a una u otra de sus características problemáticas[63]. Aquí lo que más importa es que se trata de un caso capaz de dar cuerpo

---

61. Este análisis se centra en la situación de las mujeres migrantes contratadas en origen porque ofrece posibilidades analíticas y críticas al mismo. Esto no quiere decir ni que olvidemos ni que restemos importancia a la feminización del trabajo precario en la agricultura intensiva o en la producción fresera. *Vid.* MIEDES UGARTE, B. y REDONDO TORONJO, D. (2007) «Trabajadoras extranjeras en los campos freseros: de la necesidad a la invisibilidad» en *Trabajo: Revista iberoamericana de relaciones laborales,* (Ejemplar dedicado a: Nuevas perspectivas y nuevos problemas en torno al empleo) n° 20, pág. 185. De igual manera debemos destacar que dentro del colectivo de las JH no hay una homogeneización respecto al tipo de contrato con el que cuentan, pero en eso nos adentraremos más adelante, baste señalarlo por ahora.

62. Fue el portal Buzzfeed en colaboración con Correctiv quienes investigan y publican los casos. Puede verse aquí: https://www.buzzfeed.com/pascalemueller/violadas-en-campos-europa

63. A modo de ejemplo: CASTILLERO QUESADA, S. (con su tesis defendida en diciembre de 2023 en la Universidad de Granada) se centra en la agencia de las mujeres para conseguir sus demandas sindicales. Mientras que REIGADA, A. (2023) realiza un estudio global de todos los aspectos que atraviesa el caso para ofrecer una panorámica sobre el conflicto capital vs. vida. También sucede algo peculiar con ARAB, C. (2020) quien a partir de un análisis antirracista de la situación de estas temporeras pone el foco en la invisibilización de sus demandas. Sin embargo, todas coinciden en apuntar al sistema económico, realizando análisis necesarios y exhaustivos. Desde la opinión pública, tomando como referencia los principales periódicos

real y práctico a muchas de las claves del entramado teórico de la concepción crítica del Derecho que proponemos.

1.1. Las «condiciones sospechosas» del caso de las Jornaleras de Huelva

Los sujetos involucrados en este caso, repetimos, son mujeres migrantes, contratadas en su lugar de origen (Marruecos), de una horquilla determinada de edad, con cargos familiares, de zonas rurales, en la mayoría de los casos sin conocimiento del lenguaje castellano, con una situación administrativa determinada y de clase social y económica baja.

Con este caso de las JH procuramos, de un lado, afrontar una de las críticas recurrentes a las investigaciones críticas del Derecho, su construcción en abstracto. Y, de otro, demostrar la relevancia de la TCD respecto de la deconstrucción y reconstrucción de los conceptos jurídicos. Luego insistiremos en ello y en la vía crítico-conceptual que ya destacaron propuestas como la del segundo Jhering, el Movimiento del Derecho Libre o el Realismo Jurídico, del que tanto nos servimos en este trabajo.

La Filosofía del Derecho comparte muchas razones, elementos y objetivos con la Filosofía Política. Y del mismo modo, los objetos de ambas disciplinas, el Derecho y la Política, están profundamente interrelacionados en su desarrollo práctico. Por eso hemos procurado diseñar y sostener una visión totalizadora que integre ambos niveles pero también los de la antropología social.

En este sentido, destacamos que una parte importante del objetivo de este trabajo es indagar en la deconstrucción y luego reconstrucción del sujeto jurídico a partir del caso. Así, nuestra visión jurídica se centra en la crítica a la construcción del sujeto jurídico y se apoya en las bases teóricas de la Teoría Crítica del Reconocimiento, pudiendo así enfrentar y afrontar la historia cultural del capitalismo[64].

A estos fines, el caso de las JH es ejemplar porque ofrece el fundamento material de una de las tesis de este trabajo: la imposibilidad de construir teorías críticas basadas en la división entre demandas materiales y demandas culturales. Vamos a superar, entonces, la distinción que entiende que las demandas culturales no tratarán sobre redistribución y que, de la misma manera, las materiales no tratarán sobre representación y reconocimiento. Ambas van unidas, deben ir

---

estatales, la única arista del caso que se destacó fue la de los abusos sexuales. Es por ello que, no es casualidad que el último eje que vamos a analizar aquí, de los que se compone el caso, sea precisamente el de los abusos sexuales.

64. *Comp.* REIGADA, A. (2023) *Historia, trabajo y territorio. El conflicto capital-vida en los campos de fresas de Huelva.* Barcelona: Universitat de Barcelona Edicions. Estudios de Antropología Social y Cultural, pág. 18. Seguimos a Reigada quien entiende que la historia social de los alimentos desde Andalucía, que persigue en dicha obra, puede alumbrar la historia cultural del capitalismo.

unidas, y su división conduce a la ruptura entre la sociedad y el Derecho[65], puesto que ambas tratan sobre la triple «R»: Reconocimiento, Representación y Redistribución.

Esta ruptura entre los objetivos que persiguen las distintas demandas no es cuestión baladí, así como tampoco es una cuestión exclusiva del ámbito jurídico. La encontramos como un debate central en las cuestiones políticas, así lo vemos desde el ámbito práctico con la situación actual de las distintas agrupaciones políticas a lo largo y ancho del globo. Las distintas organizaciones políticas se encuentran en continua pugna por conseguir la fuerza necesaria para ofrecer un proyecto político viable que sea de carácter global. Y, en la medida en que existe esa ruptura de atención a las demandas, todos se quedan cojeando sin poder atender a la población afectada. De ahí que, una vez más, destaquemos el valor que tiene la teoría crítica para la construcción de una práctica realmente transformadora y, si se quiere, emancipadora.

Por su naturaleza y circunstancia, el caso de las JH da cuenta de una situación jurídicamente relevante en términos de discriminación múltiple y de interseccionalidad puesto que nos hace comprender su situación como una situación de discriminación interseccional y no de discriminación múltiple.

Siguiendo lo establecido legislativamente tenemos que se produce una situación de discriminación múltiple en la que la persona afectada es discriminada por dos o más causas de las previstas en la ley[66]: «nacionalidad, mayoría o minoría de edad, residencia legal, razón de nacimiento, origen racial o étnico, sexo, religión, convicción u opinión, edad, discapacidad, orientación o identidad sexual, expresión de género, enfermedad o condición de salud, estado serológico y/o predisposición genética a sufrir patologías y trastornos, lengua, situación socioeconómica, o cualquier otra condición o circunstancia personal o social»[67]. Las JH, al menos, cuentan con seis de las categorías discriminatorias ahí expuestas: la de género, la de situación socioeconómica, la de origen racial, lengua, residencia legal y circunstancias de vivienda. Sin embargo, no entendemos que se trate de una situación de discriminación múltiple, sino que estamos ante una situación de discriminación interseccional.

---

65. Porque «ni hay un mundo material separado e independiente de otro mundo cultural, ni la relación entre ambas esferas se configura al modo de una determinación exclusiva y completa del material sobre el cultural. (…) [Esto nos hace perseguir la idea que] no hay redistribución de recursos materiales posible que no implique ciertas alteraciones del reconocimiento, y que no existe esfera simbólica o cultural alguna que no apele a las condiciones de reproducción de la vida material y su distribución». GALLARDO BLANCO, G. (2023) «En el debate sobre las identidades políticas y la distinción entre *lo material* y *lo cultural*: una reivindicación de la dialéctica» en LARA FOLCH, P. (Ed.) (2023) *Filosofías de las Identidades Políticas. Cuerpos, Memorias y Representación en el entramado contemporáneo*. Madrid: Catarata. pp. 39.

66. Ley 15/2022, de 12 de julio, Integral para la Igualdad de Trato y la No Discriminación. Artículo 6.3 a).

67. Ley 15/2022, de 12 de julio, Integral para la Igualdad de Trato y la No Discriminación. Artículo 2.1.

Las situaciones de «discriminación múltiple» y de «discriminación interseccional» se pueden comprender como análogas[68] ya que nos referimos a situaciones de discriminación que aúnan distintas categorías en su discriminación.

A pesar de ello, la diferencia se produce en la concepción de la interseccionalidad, aquí seguiremos la exposición de Crenshaw: la discriminación interseccional nos permite atender a las relaciones de poder que se efectúan sobre ciertos sujetos que cuentan con varias categorías que les producen discriminación, que funcionan todas simultáneamente y no como un simple sumatorio. Y en las que, a partir de la existencia de dichas discriminaciones la situación de desventaja se ve agravada porque cada categoría afectada es una red de poder que ejerce su dominio sobre el cuerpo afectado. Recogiendo el concepto de poder como red y la biopolítica.

Dentro de la doctrina, para la separación conceptual de estos dos tipos de discriminación, seguimos a Barrère y Morondo quienes nos explican que será más sencillo asumir la interseccionalidad en nuestro mundo jurídico si la entendemos como la producción de una discriminación en la que los sistemas de opresión no generan grupos homogéneos de personas oprimidas. Que en el caso de discriminación a mujeres debemos ser especialmente cuidadosas respecto al refuerzo que se puede realizar al sistema sexo-género por el resto de categorías discriminatorias[69]. Además, debemos tener en cuenta la concepción del «sentido matemático» de la interseccionalidad expuesto por Rey Martínez, mediante el cual se entiende que al unirse diferentes categorías discriminatorias se produce un conjunto distinto de las anteriores[70], es decir, no tratamos como separadas cada categoría discriminatoria, obligándonos a atender cada discriminación interseccional en su conjunto y obteniendo como resultado un producto discriminatorio único.

Estamos ante un ejercicio sumamente complejo de distinción entre esta terminología.

La complejidad se agrava cuando atendemos a la reciente positivización de ambos conceptos en nuestro Ordenamiento. Tenemos que el legislador no diferencia entre discriminación interseccional y discriminación múltiple, al menos no en todo momento.

---

68. Así lo comprenden algunas autoras como LÓPEZ SÁNCHEZ, C., VILASECA GARCÍA, C. y SERRANO JAPA, J. M. (2022) «Interseccionalidad: La Discriminación Múltiple desde una Perspectiva de Género» en *Revista Crítica de la Historia de las Relaciones Laborales y de la Política Social*, nº 14, pág. 72. Otras autoras asumen la dificultad de separación de los dos términos y optan por abordar la discriminación múltiple de forma amplia, en la medida en que pueda abarcar también las situaciones de discriminación interseccional, pero especificando que estamos ante cuestiones que deben separarse. JIMÉNEZ RODRIGO, Mª L. (2018) «El abordaje de la discriminación múltiple en el empleo: Revisión de políticas y buenas prácticas en la Unión Europea» en *Revista Internacional y Comparada de RELACIONES LABORALES Y DERECHO DEL EMPLEO,* volumen 6, número 3, julio-septiembre, pp. 204 y 205.

69. BARRÈRE UNZUETA, M. y MORONDO TARAMUNDI, D. (2011) loc. Cit., pp. 34 y 40.

70. REY MARTÍNEZ, F. (2008) «La discriminación múltiple, una realidad antigua, un concepto nuevo» en *Revista Española de Derecho Constitucional,* nº 84, pp. 266-267

En el preámbulo de la Ley 15/2022, de 12 de julio, Integral para la Igualdad de Trato y la No Discriminación, encontramos la primera alusión a la discriminación interseccional como el objetivo a solventar mediante esta ley de manera efectiva siguiendo las orientaciones de la Agencia de Derechos Fundamentales[71].

Seguidamente, en el apartado III de dicho preámbulo tenemos una alusión a discriminación múltiple como sinónimo de interseccional[72].

Y ya en el cuerpo normativo de dicha ley nos encontramos con que en el artículo cuarto el legislador contempla como discriminaciones diferentes la múltiple y la interseccional sin otorgar definición hasta el artículo 6, apartado tercero, donde ya encontramos una definición: «Discriminación múltiple e interseccional: a) Se produce discriminación múltiple cuando una persona es discriminada de manera simultánea o consecutiva por dos o más causas de las previstas en esta ley». Precisamente el mismo concepto de discriminación múltiple que estábamos manejando aquí. Y continúa «b) se produce discriminación interseccional cuando concurren o interactúan diversas causas de las previstas en esta ley, generando una forma específica de discriminación», podríamos entender que esta «forma específica de discriminación» es a la que nos referimos cuando decimos que al actuar dos motivos de discriminación producen un producto discriminatorio final único.

A continuación, en las siguientes ocasiones en las nos encontramos con ambos conceptos en este cuerpo normativo, lo que nos encontramos es que serán de aplicación las mismas medidas de protección para una discriminación y para otra.

Aquí, entonces, vamos a proponer la comprensión de la discriminación interseccional como aquella que, siendo discriminación múltiple porque afecta a varias categorías, constituye una discriminación más compleja y que necesita de más protección puesto que tiene, indiscutiblemente, involucradas (como mínimo) las categorías de raza, género y clase. Aunque las personas que se vean discriminadas interseccionalmente puedan ver afectadas más categorías, la esencia de esta discriminación es que son estos tres ejes sobre los que versará la misma. Entonces hablar de discriminación interseccional nos obliga a hablar de raza, género y clase y esto nos obliga, a su vez, a realizar los análisis necesarios que contemplen estas discriminaciones. Es decir, nos hace tener una consciencia que atienda a la complejidad del sistema político, jurídico, económico y social.

Así las cosas, este caso como es un ejemplo paradigmático de discriminación interseccional, puesto que en el caso se produce una discriminación no como un sumatorio de situaciones de discriminación sino que se trata de una discriminación elevada a su máximo exponente debido a que todas las situaciones de

---

71. Ley 15/2022, de 12 de julio, Integral para la Igualdad de Trato y la No Discriminación. Preámbulo I, pág. 7.

72. *Ibid.,* pág. 10. Para un mayor estudio de esta cuestión atiéndase al volumen colectivo realizado para Dykinson en la colección de Oñati a partir de la participación en el workshop de 2024 sobre la Ley 15/2022, de 12 de julio, Integral para la Igualdad de Trato y la No Discriminación.

discriminación la atraviesan y la multiplican por los diversos factores y que produce un cuerpo especial y único sobre el que se producen las vulneraciones de derechos.

Todo ello nos permite aplicar la Teoría Crítica jurídica expuesta sobre los ejes del Reconocimiento, Representación y Redistribución atendiendo al elemento de interseccionalidad afectado. Las corrientes que representativamente han abordado el concepto de interseccionalidad son: la *Critical Race Theory* (CRT), las corrientes de género y, también, las teorías decoloniales.

La construcción teórica de la CRT destaca que la categoría de «raza» es un concepto que fue históricamente «blanqueado» y neutralizado en los estudios jurídicos. De esta forma se posibilitaba una jerarquía racial de facto y garantizada por los ordenamientos jurídicos. Si se prefiere porque el ordenamiento jurídico, solo formalmente, rechaza la discriminación mientras que favorece los recursos conceptuales, institucionales y de distribución que perpetúan y fortalecen la discriminación múltiple y masificada que, entre otras cosas, incorpora la discriminación racial.

Bien es cierto que el mismo concepto de raza en la actualidad también es problemático y, en ocasiones, se considera anacrónico[73]. Por eso, utilizar esta categoría recomienda destacar que existen concepciones, principalmente desde el ámbito de lo sanitario, que entienden que considerar a los sujetos afectados por la raza como aquellos que presentan características fenotípicas y genotípicas determinadas superan las posibilidades de la misma biología. Unas características fenotípicas y genotípicas que después determinan la separación y prevalencia de unos grupos frente a otros, y la consiguiente pérdida de representatividad y reconocimiento de los grupos «racializados». Es decir, consideraremos que se produce una falta de reconocimiento y de representación por causa de pertenencia a una raza determinada. Dichos sujetos son los afectados por la subordinación en el Derecho respecto a las relaciones de poder que lo conforman y lo mantienen.

Aquí está la complejidad del asunto; biológicamente no se sostiene el concepto de raza[74], pero la subordinación que su significado acarreaba continúa. Por eso no se trata de eliminar el análisis crítico de su contenido material, y

---

73. Ese anacronismo viene de la mano de la propia obsolescencia del concepto como así lo recogen diversos artículos más enfocados al ámbito sanitario y biológico. En este sentido *vid* YUDELL, M., ROBERTS, D. et al., (2016) «Taking race out of human genetics» en *Science,* vol. 351, Issue 6273.

74. *Vid* COLLINS, F. (2004) «What we do and don't know about 'race', 'ethnicity', genetics and health at the dawn of the genome era», en *Nat. Genet.* 36 (11 suppl.); FOSTER, M. W., SHARP, R. R. (2004) «Beyond race: towards a whole-genome perspective on human populations and genetic variation» en *Nat. Rev. Genetics. Perspectives.* Vol. 5. Oct.; ROBERTS, D. (2012) *Fatal Invention: How Science, Politics and Big Bussiness Re-create Race in the Twenty-First Century.* New York: The New Press y SERRE, D. y PÄÄBO, S. (2004) «Evidence for gradients of human genetic diversity within and among continents» en *Genome Res,* nº 14, 9.

En este mismo sentido se debe atender a la explicación que ofrece Toasijé quien diferencia la racialización a la que todas las personas están expuestas y diferencia entre racialización

tampoco de sustituir el término raza por otro término más adecuado, como podría ser el de etnia.

En ocasiones se realiza un salto desde el concepto de raza al concepto de etnia[75], para sustituirlo y para poder resaltar que, en la medida en que un sujeto o un grupo de sujetos, se encuentre incluido en una etnia determinada, va a sufrir una exaltación del resto de vulneraciones a las que se enfrenta porque el concepto de etnia, antigua raza, es lo suficientemente fuerte como para englobar y oscurecer toda su situación y así hacer que prevalezcan prejuicios racistas, aun asumiendo que las razas no existen y que se trata de un concepto obsoleto[76]. A pesar de todo ello, aquí nuestra posición es clara y utilizaremos el concepto de raza para poner en valor todos los estudios sobre el concepto[77].

La igualdad jurídica se ve vulnerada no solo desde su faceta racial, sino también desde su faceta económica. Las JH en la medida en que son mujeres marroquíes realizan trabajos a menor precio y con menos derechos que con los que contaban las trabajadoras anteriores.

Otro tanto de lo mismo ocurre con la teoría crítica de género, la cual tenía alguna diferencia frente a la CRT. En la teoría crítica de género tenemos que el poder jurídico existente era el masculino y que para analizarlo y superarlo necesitamos atender al género como concepto central para conseguir no solo una teoría de la justicia completa, sino también una TCD lo más completa posible. No es una cuestión sencilla, sino que se asienta en cinco niveles: primero, el género como construcción que conlleva repartición del poder jurídico; segundo, la diferencia entre géneros como cuestión problemática a la hora de la creación de normatividad; tercero, la familia como escuela de justicia; cuarto, necesidad de redistribución respecto al género; quinto, cuestión del consentimiento para el abordaje de las distintas situaciones de vulneración de derechos en el plano sexual. Estos cinco niveles se reúnen en torno a la construcción del sujeto «mujer» y en este caso vemos, que no solo la interpelación de los cinco niveles, sino que también la construcción de la mujer se ve cuestionada.

---

positiva y negativa aunque se niega a utilizar el concepto de «racializado/a». Disponible en: https://www.africanidad.com/2018/12/porque-nunca-digo-racializada.html

75. Un ejemplo de este salto conceptual de raza a etnia lo podemos encontrar en la construcción de los Estudios Étnicos. Atendiendo a uno de los representantes de las corrientes decoloniales como es Nelson Maldonado-Torres, nos explica que «lo étnico identifica una línea divisoria entre grupos clasificados como étnicos y otros que parecería están por encima de la categoría de etnicidad. (...) Los sujetos normativos de sociedades modernas típicamente no se ven como étnicos, sino solamente como sujetos o sujetos nacionales. Étnicos son otros, y estos otros no están representados de forma equitativa ni en el manejo de instituciones de poder, ni en la cultura, ni en la producción de conocimiento». MALDONADO-TORRES, N. (2015) «Transdisciplinariedad y decolonialidad» en *Quaderna*, n° 3, pág. 3.

76. YUDELL, M. (2014) «Breve historia del concepto de la raza» en *Pasajes: Revista de pensamiento contemporáneo,* n° 44, pág. 32.

77. Ejemplos de los clásicos sobre estos estudios es ECHEVARRÍA, B. (2010) *Modernidad y blanquitud.* México: Era, mientras que uno de los más recientes es el de BOUTELDJA, H. (2017) *Los blancos, los judíos y nosotros. Hacia una política del amor revolucionario.* Madrid: Akal/inter pares.

Estamos ante distintos niveles de mujeres en este ámbito de trabajo: por un lado, las jornaleras andaluzas; por otro, las jornaleras extranjeras de Europa del Este; y, en último lugar, las jornaleras extranjeras marroquíes. En cada uno de estos niveles se encuentran problemas diferenciados, por ejemplo, en el caso de las mujeres jornaleras andaluzas la principal problemática es la concepción de este trabajo como una simple ayuda ya que no es el trabajo que genera los ingresos principales en los núcleos familiares[78]. Mientras que, con la aparición de la categoría de extranjeras, las situaciones se revierten, la cuestión racial acapara la clasificación jerarquizadora y entran en juego otras problemáticas que veremos a continuación.

Por otro lado, si atendemos a la construcción decolonial, nos encontramos con que la interseccionalidad enlaza directamente con la cuestión problemática de la construcción del sujeto mujer como un todo homogeneizable. Lo que nos sugieren atender aquí, mediante el ejercicio de interseccionalidad, es que el no reconocimiento de algunas mujeres viene determinado por la relación colonial existente entre los distintos sujetos involucrados en el sistema moderno colonial. Es por ello que la mano de obra, entendiendo como mano de obra a las mujeres trabajadoras temporeras, sea más barata si la buscamos en Marruecos que si la buscamos en Rumanía. Así como que sea más barata, si la buscamos en Rumanía que en Polonia y así como que si la buscamos en Polonia que en Andalucía. Vemos cómo nos servimos de la jerarquización étnica para clasificar a las temporeras puesto que son las corrientes decoloniales las que más atienden a la cuestión racial. Con el abaratamiento de costes, respecto de los distintos grupos de mujeres, nos referimos no solo a los económicos, sino también a los sindicales y laborales. Que se proceda del Sur Global no es ni una cuestión baladí, ni tampoco es una cuestión azarosa.

Las elaboraciones teóricas de estas tres corrientes críticas guardan identidad de razón y ambas son necesarias aquí para el análisis del caso puesto que nos indican la dirección correcta a la hora de interpretar el caso atendiendo a la influencia simultánea de las categorías de migrantes y de género.

1.2. La indeterminación jurídica constitutiva del caso y sus características

El caso de las JH nos sirve para destacar también, desde la perspectiva crítica, la indeterminación jurídica que venimos apuntando. Una indeterminación que permite al Derecho decir uno y su contrario, es decir, establecer un sistema de protección general a los trabajadores y, a la par, establecer un sistema de protección particular a las trabajadoras que cuentan con unas características de

---

78. En este sentido atiéndase al estudio pormenorizado en REIGADA, A. (2023) *op. cit.,* pp. 91 y ss.

vulnerabilidad o «condiciones sospechosas»[79]. De esta forma, genera un conflicto que él mismo va a tener la obligación de resolver, demostrando la razón marxiana de la crítica al Derecho[80]. En este caso es el propio Derecho el que genera el régimen particular discriminatorio de los derechos de las JH que después el Derecho va a tratar de solucionar.

En este sentido es extraordinariamente claro Agamben con la excepcionalidad de la norma, cuando entendía que es el Derecho el que crea la protección a unos sujetos y deja sin proteger a otros que constituyen la excepción de la norma. Precisamente esas excepciones normativas son las que explican la norma general o el Derecho en su conjunto. Es a través de esta situación de excepción de donde obtenemos una visión completa de la situación general de la norma. En palabras del propio autor, «[e]l orden jurídico-político tiene la estructura de una inclusión de aquello que, a la vez, es rechazo hacia fuera (...) No es la excepción la que se sustrae a la regla, sino que es la regla la que, suspendiéndose, da lugar a la excepción y, solo de este modo, se constituye como regla, manteniéndose en relación con aquella»[81].

Las situaciones que generan las condiciones de particularidad y discriminación que hacen que la indeterminación jurídica genere el conflicto y, a su vez, proponga su posterior solución, son en este caso los siete ejes siguientes:

Existe, en primer lugar, una situación de contratación en origen de la mano de obra para este trabajo debido a su bajo coste respecto a la contratación nacional ya que cuentan con menos derechos laborales y sindicales.

---

79. Este concepto ha sido desarrollado en la jurisprudencia norteamericana. Está muy ligado a la raza y hace referencia a todas aquellas categorías que, encabezadas por la raza, hacen que unos sujetos estén más expuestos a situaciones de discriminación que otros. Para que no se produzcan vulneraciones por este tipo de discriminación se debe exponer a las instituciones a un seguimiento constitucional fuerte. También en Francia se atiende a este tipo de categorías. ZILLER, J. (2022) *Principios de Igualdad y No Discriminación, una perspectiva de Derecho Comparado*. Consejo de Europa: EPRS. Servicio de Estudios del Parlamento Europeo, pág. 23. Para superar la decisión judicial afectada por las categorías sospechosas «el examen que propone la Corte Suprema [norteamericana] es conocido como el test de 'escrutinio estricto' y pone en cabeza del Estado, con el fin de derribar esa presunción, la carga de justificar el trato diferente exigiéndosele que demuestre que *no está violando* el principio de igualdad constitucional. La persona afectada, asimétricamente, tiene la prerrogativa de no tener que argumentar que ha sido afectado su derecho constitucional a la igualdad de trato ante la ley, pues en el caso de tratos diferentes fundados en categorías sospechosas, se presume que la afectación existió por el solo recurso a un criterio de esas características». P. SABA, R. (2008) «Igualdad, Clases y Clasificaciones: ¿Qué es lo sospechoso de las categorías sospechosas?» en GARGARELLA, R. (2008) *Teoría y Crítica del Derecho Constitucional*. Tomo II. Buenos Aires: Abeledo Perrot, pág. 3.

80. Cuyos orígenes los encontramos en MARX, K. (1977) op. cit., pp. 11-12 y MARX, K. (2008) *Carta a Arnold Ruge*. Tercera serie. [Ed. Original: (1843)], pág. 298.

81. AGAMBEN, G. (2006) *HOMO SACER. El poder soberano y la nuda vida*. I. Valencia: Pre-Textos, pp. 29-31. [Ed. Original: (1995) *Homo sacer. Il potere sovrano e la nuda vita*. Torino: Giulio Einaudi editore s.p.a.].

En segundo lugar, tenemos una forma contractual viciada, se utiliza una modalidad de contrato que no se ajusta a la situación establecida también para reducir costes y derechos.

En tercer lugar se produce discriminación administrativa.

En cuarto lugar, hay desajustes en la jornada de trabajo, salarios y prestaciones.

En quinto lugar, existen riesgos altos en la no protección y salud de las trabajadoras, así como hay irregularidades en la protección social, constituyendo esta la sexta cuestión.

En séptimo, y último lugar, se dan situaciones de abusos sexuales.

Por todas estas cuestiones, entendemos que este caso es un ejemplo de esas vidas marginadas extremas situadas al margen del ordenamiento jurídico[82], ya que, al constituir en cada una de sus características excepciones normativas a la norma general, se producen vulneraciones de Derecho en lugar de protección de los derechos que les correspondería.

1.3. Las caras de Jano de las Jornaleras de Huelva

En el año 2000[83] los empresarios de la fresa realizan los primeros contratos en origen con mujeres rumanas y polacas. La finalidad de esta contratación en origen es el control de los flujos migratorios asegurando que las personas migrantes que entran van a producir un beneficio y, principalmente, lo van a materializar asegurando a su contratante que efectuarán el viaje de retorno a sus lugares de origen[84]. Este control de flujos migratorios beneficia la reducción de migración ilegal que viene del Sur Global.

En ese año no existe normativa que controle y regule estos contratos. Será en 2004 cuando se lance el proyecto de contratos en origen que está inscrito en el programa de Asistencia Técnica y Financiera a Terceros Países en Emigración y Asilo (en adelante AENEAS), financiado por la Unión Europea y que es el que consigue materializarse[85]. Concretamente lo que aquí interesa es el acuerdo al que llegan el Ayuntamiento de Cartaya y la Agencia Nacional de Promoción del

---

82. Lo que Agamben trataba como nuda vida, aquella a la que cualquiera puede dar muerte puesto que no se comprende como una vida que nos represente y «cuya función esencial en la política moderna hemos pretendido reivindicar». *Ibid.*, pp. 243, 18 y 19 respectivamente.

83. Es muy interesante el estudio que realiza Reigada, en REIGADA, A. (2023) *op. Cit.*, del modelo agrícola y sus antecedentes históricos desde 1870, que nos ayuda a comprender cómo se elabora un dispositivo que va evolucionando a lo largo de los años pero cuyo propósito es el mismo: el del enriquecimiento en voz del progreso a costa de la vida humana y de la ecología. Este modelo agrícola conlleva, no solo la implantación de un sistema agrícola determinado, sino también la modificación del ecosistema en el que se inserta y la modificación de las identidades que se ven afectadas por el mismo. De todo ello, de una manera muy amena y exhaustiva, nos habla la mencionada autora en dicha obra.

84. *compl.* Entre otras con ARAB, C. (2020) *Las señoras de la fresa. La invisibilidad de las temporeras marroquíes en España.* Madrid: Ediciones del oriente y del mediterráneo, pág. 76.

85. *Cf. Ibid.,* pág. 73.

Empleo y de la Competencia (en adelante ANAPEC)[86] porque es donde se insertan los casos aquí analizados.

Debemos destacar que este tipo de modelo agrícola se remonta a la época de 1960, cuando se pretende implantar en Andalucía Occidental el modelo de California, denominado como «revolución verde», cuya característica principal es «un modelo de desarrollo que aún[a] exportación agrícola y turismo»[87]. Que conlleva, entre otras acciones, la implantación de agricultura intensiva y el uso intensivo del agua en localizaciones como Huelva[88]. Y cuyas consecuencias humanas son las que tenemos entre manos en este caso[89]. De ahí que este caso implique una crítica total a la erradicación medioambiental, así como a la erradicación de las condiciones de vida humana de las personas que vienen a trabajar en la temporada, teóricamente a estas dos cuestiones se las denomina conflicto capital-vida.

En cualquier trabajo en el que se necesite de mano de obra extranjera se producirá un primer conflicto entre los intereses intramuros del Estado en cuestión y los intereses productivos del mismo territorio. Para dar solución a este conflicto, en el caso español, nos encontramos ante un programa de gestión ética de la emigración temporal. Dicha gestión se lleva a cabo entre Marruecos y España, mediante la ANAPEC, y cuenta con «un triple objetivo: la necesidad económica de España, el control de los flujos migratorios de la Unión Europea y el desarrollo del país de origen»[90]. Si para el desarrollo de terceros países se utiliza una ordenación de los flujos migratorios a través del trabajo controlado, posiblemente nos encontremos con excepciones a la protección jurídica de las personas afectadas. Ya que, en el caso de ser necesario, se antepondrá la inmigración ordenada a la protección laboral, de derechos humanos o de derechos básicos que entren en conflicto.

La indeterminación jurídica la encontramos en la existencia de herramientas jurídicas contradictorias para las diversas categorías que conforman este sujeto trabajador, como serán la no adecuación al contrato laboral que les corresponde o, los abusos en las condiciones contractuales, entre otras.

Expondremos la interseccionalidad de la discriminación de las JH a partir del análisis de los siete ejes ya presentados. Y veremos cómo la normativa jurídica señala unas cosas para unos casos y, para otros casos, en particular para las JH, establece lo contrario.

Para el análisis de estos siete ejes nos basaremos en el Informe Jurídico realizado por Pastora Filigrana, Begoña Lalana, Carolina Martínez, Teresa Ramos y la Brigada Feminista de Observación. En él realizan una síntesis y clasificación muy útil de los siete ejes y de la normativa que rige sobre ellos.-

---

86. *Cf. Ibid.*

87. REIGADA, A. (2023) *op. cit.*, pág. 44.

88. *Cf. Ibid.*, pág. 46.

89. Para un análisis exhaustivo sobre las consecuencias ecológicas y medioambientales acúdase a REIGADA, A. (2023) *op. cit.*

90. ARAB, C. (2020) *op. cit.*, pág. 73.

Además de este informe utilizaremos la valoración jurídica de actuaciones de la Inspección de Trabajo y Seguridad Social[91] (en adelante ITSS) en el marco del sector de la fresa en Huelva en el que se recogen las respuestas obtenidas a las nueve denuncias interpuestas por parte de las trabajadoras temporeras.

El análisis de cada uno de estos siete ejes demostrará que a pesar del extendido discurso de protección, promoción y garantía de los derechos, encontraremos una práctica jurídico-positiva que impone una violación múltiple y reiterada de esos derechos, *so excusa* del desarrollo de ciertos lugares no europeos.

Vamos pues con el análisis de los siete ejes que se proponen en el siguiente orden: la contratación en origen, el contrato de obra o servicio, discriminación administrativa, jornada de trabajo, tiempo de trabajo y salarios, riesgos y protección de la seguridad y la salud y los abusos sexuales.

1.3.1. La contratación en origen entre la solidaridad y la servidumbre

Sabemos que la base del caso de las temporeras de los frutos rojos es la contratación en origen que se regula mediante el programa AENEAS financiado por la Unión Europea para tener un control sobre ciertos flujos migratorios[92].

Dicho programa cuenta con Marruecos y España como Estados parte y se sustenta en la elaboración de contratos en origen. Antes de adentrarnos en la especificidad de dicho contrato, debemos apuntar dos ideas sobre la política migratoria de la Unión Europea.

Esta contratación busca mujeres marroquíes para formar parte del grupo de trabajo con unos requisitos concretos: «mujeres, marroquíes, tener entre 25 y 40 años, tener experiencia agrícola, ser originaria de zona rural, tener por lo menos un hijo menor de 18 años, ser divorciada o viuda y poder justificarlo, o si la mujer está casada, obtener el consentimiento del marido y un certificado de autorización del viaje»[93]. Con ello, la finalidad que se persigue es conseguir

---

91. Ambos documentos son fruto de un viaje realizado por la Brigada de Observación a los campos de Huelva organizada por la Asociación Jornaleras de Huelva en Lucha, La Laboratoria y el Museo en Red. Debemos adelantar que en ningún caso se produce un funcionamiento correcto de la ITSS ya que no se realizan visitas de inspección para comprobar los hechos denunciados, no se producen conclusión alguna de actuaciones, no se contrastan pruebas, no se comprueba de manera directa el cumplimiento (o incumplimiento en este caso) de las obligaciones en materia de prevención de riesgos laborales, no se recaba testimonio de trabajadoras y en varios casos no se produce ni siquiera respuesta de la ITSS, (a menos a fecha de redacción de este trabajo). FILIGRANA, P. y RAMOS, T. (2021) *Valoración jurídica de determinadas actuaciones de la ITSS en el marco del sector de la fresa en Huelva*, disponible en: https://jornalerasenlucha.org/la-situacion-de-las-jornaleras-de-huelva-en-la-industria-del-fruto-rojo-informe-juridico/ pp. 5-6.

92. Una de las cuestiones sobre las que giran las recientes políticas legislativas europeas. Y sobre la que estamos asistiendo a un cambio drástico en la manera de gestionar desde Europa con el nuevo pacto de la UE sobre Migración y Asilo.

93. ARAB, C. (2020) op. Cit., pág. 81. Ejemplos de contratos de trabajos los encontramos en el informe *Los Derechos Humanos de las Mujeres Migrantes Temporeras en Andalucía* reali-

«mano de obra dócil y temporal»[94] y, sobre todo, que se garantice, en la medida de lo posible, el retorno de las trabajadoras a su lugar de origen.

La contratación en origen es aquella que se lleva a cabo entre España y los países con los que haya firmado acuerdos sobre regulación de flujos migratorios[95], mediante una gestión simultánea de diversas autorizaciones, presentadas por uno o varios empleadores, respecto de trabajadores seleccionados en sus países. A través de la actuación coordinada de las Comunidades Autónomas competentes para la concesión de la autorización de trabajo inicial y de residencia de los trabajadores[96]. Tenemos, por tanto, una regulación concreta para la migración con fines laborales de personas extranjeras que no se encuentren, ni tampoco residan en España.

Este tipo de contratación otorga una autorización de trabajo a trabajadores extranjeros diferente a la que pueden obtener mediante el régimen general de manera individual[97]. Se conoce como sistema de «contingentes» a la gestión colectiva de la contratación en origen[98] y cuenta con una serie de características

---

zado por WILF España página 45. Disponible en: https://wilpf.es/wp-content/uploads/2021/04/ddhh_temporeras_wilpf_espana_web.pdf

94. ARAB, C. (2020) op. Cit., pág. 49. Otro estudio sobre esta contratación a la que se ven sometidas las jornaleras lo encontramos en el Informe de Terra: PANARIELLO, M. (comisariada) (2021) *E(U)XPLOITATION. Gangmastering: The southern question Italy, Spain and Greece*. Italia: Terra. Riavvia Il Pianeta, pp. 46 y ss. En este punto necesitamos realizar una digresión atendiendo al movimiento de Derecho en la Literatura, centrándonos en la instrumentalización a la que se ve sometida la mujer respecto de su actividad reproductora. Como veíamos en las condiciones de contratación que se explicaban en esta nota a pie de página y la anterior: se necesitan mujeres con hijos, entendidos estos como cargas familiares a los que tengan que cuidar y les obliguen a volver a sus lugares de origen. Este ejemplo de entender la reproducción femenina, y también en otros casos el embarazo, como una cuestión de coste-beneficio para la empresa contratante, nos hace comprender todo el entramado del poder en el mercado laboral. Estas cuestiones las encontramos detalladas de una manera muy didáctica, entretenida y certera en el libro de LABARI, N. (2022) *El último hombre blanco*. Barcelona: Literatura Random House, pp. 105-107. Introduzco aquí esta novela porque, a partir del análisis de la percepción de la reproducción femenina en el mercado laboral, recoge todo lo analizado hasta aquí desde la literatura, a saber: trabajo digno, dignidad humana en el mercado laboral y contratación por cuestión de género, todo ello íntimamente vinculado con la cuestión de poder, en este caso, de poder económico-social.

95. Apartado tercero del artículo 39 sobre la gestión colectiva de contrataciones en origen de la Ley Orgánica 4/2000, de 11 de enero, sobre derechos y libertades de los extranjeros en España y su integración social.

96. Apartado segundo del art. 39 LO 4/2000, de 11 de enero, sobre derechos y libertades de los extranjeros en España y su integración social. Este artículo se ha visto desarrollado por la Orden ISM/1485/2021, de 24 de diciembre, por la que se regula la gestión colectiva de contrataciones en origen para 2022.

97. Para un estudio detallado de estos tipos de autorizaciones laborales acúdase a CEINOS SUÁREZ, Á. (2006) *El trabajo de los extranjeros en España*. Madrid: Wolters Kluwer España, pág. 255 y ss.

98. *Cf.* MARTÍN VALVERDE, A. y GARCÍA MURCIA, J. (2023) *op. cit.*, pág. 509.

particulares como son los sujetos involucrados en la contratación, la finalidad y el proceso de selección en el caso de estas jornaleras[99].

Respecto de los sujetos involucrados debemos destacar que «el papel de las organizaciones sindicales (…) [en] la concreción del contingente de autorizaciones (…) es mucho más limitado»[100] puesto que la repartición de dichos contingentes, también conocidos como «cupos», son gestionados en la previsión anual que elabora el Ministerio de Trabajo. A pesar de que el Ministerio atienda a las Comunidades Autónomas y a los agentes sociales involucrados, la acción sindical de este grupo de trabajadoras es una de las grandes ausentes debido a la idiosincrasia de las trabajadoras: inmigrantes que no interesan a los sindicatos y que, en efecto, se quedan sin representación sindical.

El Ministerio de Trabajo anualmente y mediante orden ministerial, organiza dichos contingentes, frente a las trabajadoras, en nuestro caso, marroquíes que aspiran a trabajar en la temporada de los frutos rojos andaluza.

Las condiciones laborales con las que cuentan estas trabajadoras son las mismas que las de los nacionales españoles: prohibición de discriminación, directa o indirecta, por ser extranjeras y misma igualdad de trato en condiciones salariales. Toda esta normativa general se ha visto vulnerada en el caso de las JH.

Respecto a la motivación de estos contratos, estos se realizan porque en la agricultura intensiva uno de los rasgos característicos es la mano de obra temporal. Se necesita reducir costes salariales para ser competitivo y, además, se necesita mano de obra solo en momentos concretos de la recolección[101].

En el caso de las temporeras del fruto rojo la evolución de las características de las mujeres contratadas ha sido la siguiente, mujeres andaluzas, que en la medida en que se organizan y van exigiendo mejores derechos laborales y pueden acceder a otro tipo de trabajos, abandonan el campo.

Sustituidas por mujeres migrantes de Europa del Este con formación universitaria que, en la medida en que consiguen también acceso a otros tipos de trabajo dejan de ofrecerse como jornaleras[102].

Con este tipo de contratación en origen se asientan los requisitos sobre los que se sostiene la construcción del «no-sujeto laboral de las JH» porque se «construye la categoría ideológica de mujer trabajadora y [el] cómo operan las políticas sexuales del capitalismo global». Se busca seleccionar a la mujer idónea. Si

---

99. *Cf.* CEINOS SUÁREZ, Á. (2006) *op. cit.*, encontramos otra clasificación de características en la elaboración del contingente de trabajadores extranjeros como son «la competencia para fijar el contingente, el sistema utilizado para asignar un determinado número de autorizaciones a cada Comunidad Autónoma y la modalidad de autorización susceptible de ser obtenida cuando se utiliza esta fórmula», pág. 261.

100. *Ibid.*, pág. 263.

101. *Cf.* MIEDES UGARTE, B. y REDONDO TORONJO, D. (2007) *op. Cit.*, pág. 187.

102. Es a partir de la década de 1990 cuando la mano de obra andaluza va perdiendo fuerza en este ámbito laboral y de la migración femenina se espera «socialmente, una movilidad más planificada, controlada y limitada en el espacio y en el tiempo, mientras que se presupone que los hombres son susceptibles de embarcarse en formas de movilidad más arriesgadas, inciertas [y] prolongadas». REIGADA, A. (2023) *op. cit.*, pág. 146.

somos conscientes de todos los problemas que trae la categorización de la mujer, no exentos de ellos está la categorización de la mujer trabajadora temporera extranjera idónea, con un físico que aguante el trabajo, una edad buena para el trabajo, el compromiso de retorno a sus lugares de procedencia, poco conflictivas, delicadas para un puesto de trabajo que mucho tiene de relación con los cuidados y que sea mano de obra barata[103].

Y, finalmente, mujeres marroquíes con familiares a su cargo que garanticen la vuelta a su lugar de origen para así venir solo a producir y no a quedarse. Esta vuelta a su origen se garantiza con los requisitos de nivel bajo de estudios, pertenencia a clase social baja y desconocimiento del idioma.

Repasando la legislación vigente sobre la contratación en origen tenemos que es el Ministerio de Trabajo e Inmigración el órgano competente para la aprobación anual de las ocupaciones, teniendo en cuenta la opinión de las Comunidades Autónomas y también «previa consulta de la Comisión Laboral Tripartita de Inmigración»[104].

Además, dentro de esta contratación en origen, nos encontramos con que no todas las temporeras se ajustan a este tipo contractual, sino que existen tres tipos de situaciones diferentes: el primero de ellos es el de las mujeres que han sido contratadas a través de los contingentes, (a las que estoy prestando atención en esta investigación); el segundo, son las jornaleras y jornaleros contratados con carácter permanente, bien contrato temporal o indefinido; y, el tercero son las trabajadoras y trabajadores sin autorización de residencia ni de trabajo que se encuentran en los asentamientos informales/ilegales de Huelva[105]. Se dan estas tres situaciones debido a que la situación administrativa de cada grupo es diferente y que, en la medida en que la situación administrativa de la trabajadora sea peor, mayor beneficio puede aportar al contratante si le hace ahorrar costes en contratación.

La contratación en origen viene regulada en la Orden ISM/1289/2020, de 28 de diciembre, en ella se establece la gestión colectiva de contrataciones en origen para 2021. En concreto, los artículos que se incumplen son:

---

103. En este mismo sentido REIGADA, A. (2023) *op. cit.,* pp. 192-193.

104. Artículo 39 relativo a la «Gestión colectiva de contrataciones en origen» de la Ley Orgánica 4/2000, de 11 de enero, sobre derechos y libertades de los extranjeros en España y su integración social.

105. *Cf.* FILIGRANA, P., LALANA, B. *et al.* (2021) *Informe Jurídico: La situación de las jornaleras en los campos de fresa de Huelva.* Disponible en: https://jornalerasenlucha.org/la-situacion-de-las-jornaleras-de-huelva-en-la-industria-del-fruto-rojo-informe-juridico/ pp. 4-5. Al igual que se merece que se expongan los distintos tipos de situaciones laborales, también entiendo necesario dejar constancia de las cifras de trabajadoras que necesita la provincia de Huelva en la temporada de recogida, ya que en esta provincia se producen el 100% de la frambuesa española, el 97% de los arándanos y el 97% de la fresa, es por ello que se precisa de más de 80.000 trabajadoras y trabajadores cada temporada. Y, a pesar de que la mayoría de trabajadores/as sean autóctonos, cada año aumenta el número de personas extranjeras que trabajan en la campaña. *Ibid.,* pág. 6.

Los relativos a las garantías para los trabajadores[106], donde se recoge que el contrato de trabajo debe establecer las condiciones bajo las que se contrata a los trabajadores. Así como las obligaciones del empleador respecto a las cláusulas contenidas en los contratos y el respeto a las condiciones reflejadas en las ofertas de empleo que obtenga autorización, añadiendo que cualquier incumplimiento tendrá las respectivas responsabilidades judiciales o laborales.

Los relativos a las obligaciones empresariales respecto del plan específico de contingencia[107], que se suman a las obligaciones empresariales respecto a las garantías del contrato de trabajo que acabamos de recoger. Estas obligaciones del plan de contingencia se refieren a que el empleador debe elaborar un plan de evaluación de riesgos y de documentación de organización, técnicas e higiene en el trabajo. Tienen una mención especial las derivadas de la situación de pandemia.

De igual manera, los empleadores son los encargados de los desplazamientos de las trabajadoras y del alojamiento adecuado, que reúna las condiciones previstas en la normativa vigente, durante la vigencia del contrato de trabajo.

El empleador también asumirá los costes de los viajes, de llegada y de regreso al país de origen. Así como la facilitación de acompañamiento a las trabajadoras y asistencia para cuestiones de contratación y activación de cualquier protocolo en materia de igualdad.

Los relativos a la selección de los trabajadores en el exterior[108] que se ajustarán a criterios de selección objetivos.

---

106. Artículo 3.1. Dicho precepto recoge literalmente dos cuestiones, la primera es que «el contrato de trabajo que se suscriba deberá contener las mismas condiciones previstas en la oferta de empleo de la que la autorización de residencia y trabajo trae causa. Dicho contrato, con las condiciones referidas, será el que el empleador inscribirá en el servicio público de empleo competente y respecto al que se producirá el alta del trabajador en el correspondiente régimen de Seguridad Social, en cumplimiento del artículo 38.4 de la Ley Orgánica 4/2000, de 11 de enero, sobre derechos y libertades de los extranjeros en España y su integración social previamente al inicio de la actividad laboral». Y que «En todo caso, los contratos deberán ser firmados por los trabajadores y deberán contener los elementos esenciales que establezcan las normas conforme indica el artículo 170 del Reglamento de la Ley Orgánica 4/2000, sobre derechos y libertades de los extranjeros en España y su integración social, tras su reforma por la Ley Orgánica 2/2009 aprobado por el Real Decreto 557/2011, de 20 de abril, y una previsión del salario neto que percibirá el trabajador».

107. Art. 3.2. Concretamente se regulan las cuadrillas de trabajo en las que se organizará la plantilla.

108. Artículo 9.1. La Dirección General de Migraciones, previa valoración del expediente y a través de la misión diplomática u oficina consular, remitirá las ofertas en el plazo de cinco días al órgano encargado de la preselección en el país que corresponda y acordará con sus autoridades competentes y con el ofertante, la fecha, el lugar y la metodología para la selección de los trabajadores.

Cuando se considere adecuado, a propuesta del empleador u organización empresarial solicitante, la selección podrá realizarse de manera no presencial, mediante el análisis de los currículos de los trabajadores y/o mediante entrevistas telefónicas o videoconferencia. En estos casos se promoverá la utilización del formato de CV Europass (...).

Y el del procedimiento relativo a las autorizaciones de residencia temporal y de trabajo derivadas de la gestión de ofertas genéricas de empleo[109].

2. Las ofertas se orientarán preferentemente a los países con los que España tiene suscritos acuerdos sobre regulación y ordenación de flujos migratorios: Colombia, Ecuador, Marruecos, Mauritania, Ucrania y República Dominicana; o, subsidiariamente, instrumentos de colaboración en esta materia: Gambia, Guinea Bissau, Cabo Verde, Senegal, Mali, Níger, México, El Salvador, Filipinas, Honduras, Paraguay y Argentina; o con los que los suscriba, en su caso, en el periodo de vigencia de esta orden.

Con el fin de facilitar la disponibilidad de trabajadores que se ajusten al perfil profesional de las ocupaciones requeridas por el mercado de trabajo, la Dirección General de Migraciones mantendrá relaciones de información y colaboración con las autoridades competentes de los países con los que existen acuerdos sobre regulación y ordenación de flujos migratorios u otros instrumentos de colaboración (...).

La Dirección General de Migraciones podrá autorizar que las ofertas sean orientadas a otros países cuando no sea posible obtener, en aquellos, candidatos adecuados o concurran otras circunstancias que lo justifiquen. En estos casos, la Dirección General de Migraciones establecerá los procedimientos más adecuados para llevar a cabo los procesos selectivos, garantizando la aplicación de los principios de igualdad de oportunidades, no discriminación y gratuidad de la participación de los trabajadores en el proceso de selección.

3. Fijados los términos de la selección, la Dirección General de Migraciones autorizará la realización del proceso selectivo en el país de origen y lo notificará a las organizaciones o empleadores solicitantes, a las áreas, dependencias u oficinas de extranjería afectadas, a la misión diplomática u oficina consular y a la Dirección General de españoles en el Exterior y de Asuntos Consulares.

4. Conforme a lo previsto en los respectivos acuerdos aplicables sobre regulación y ordenación de flujos migratorios u otros instrumentos (...), la selección se llevará a cabo por la comisión de selección, formada por representantes de la Dirección General de Migraciones y/o de la correspondiente misión diplomática (...). Será obligatoria la participación de los empleadores ofertantes cuando el volumen de la oferta o el perfil profesional solicitado lo haga necesario, así como cuando se vayan a realizar pruebas prácticas a los trabajadores.

En el supuesto de que el representante del empleador en el proceso de selección de trabajadores sea distinto del representante legal empresarial, deberá quedar acreditado mediante la representación de anexo VII (...).

5. La participación de los trabajadores en cualquier fase del proceso de selección será gratuita. Los miembros de la comisión de selección velarán porque esta se desarrolle conforme a los principios de igualdad de oportunidades, no discriminación y transparencia, facilitando que todos los candidatos conozcan con precisión las condiciones de la oferta de trabajo, así como las distintas medidas sanitarias recomendadas u obligatorias durante su viaje, estancia o desarrollo de la actividad laboral.

6. La comisión de selección elaborará y firmará el acta de la selección, que incluirá la relación nominal de las personas seleccionadas.

7. La Dirección General de Migraciones trasladará de inmediato la relación de trabajadores seleccionados al área, dependencia u oficina de extranjería competente».

109. Procedimiento relativo a autorizaciones de residencia temporal y trabajo derivadas de la gestión de ofertas genéricas de empleo. 1. El área, dependencia u oficina de extranjería competente comunicará, de forma inmediata a través de la aplicación informática habilitada a tal efecto para Gestión Colectiva de Contrataciones en Origen (en adelante, GECCO) a la que tienen acceso las Delegaciones o Subdelegaciones de Gobierno, la relación de trabajadores seleccionados a la Comisaría General de Extranjería y Fronteras para que informe de la posible concurrencia de causas de denegación de la autorización previstas por la normativa aplicables (...).

Todos estos incumplimientos normativos son los que componen los distintos ejes del caso.

El último fin, o el primero, según cómo lo analicemos, de incumplimiento de esta normativa es el de no dejar opción a las trabajadoras a ningún tipo de acceso de justicia redistributiva.

Toda esta normativa se tiene que comprender en relación con la Constitución Española (en adelante CE) y el Estatuto de los Trabajadores (en adelante ET).

En lo que respecta a la CE se comprende que existe vulneración del principio de igualdad del artículo 14 puesto que para la contratación de las JH existen restricciones en la edad para contratar, en los cargos familiares y en el lugar de procedencia. Estas diferencias de situaciones entre candidatas no están justificadas objetivamente para que se desarrolle mejor el trabajo, es decir, para la finalidad perseguida de la contratación en origen. No solo no evitan riesgos gravosos, sino que los producen frente al resto de candidatas que no se ajusten a dichos requisitos. De igual manera se vulnera el principio de igualdad frente a jornaleras que no sean extranjeras en la medida en que se produce la contratación en origen para ahorrar costes[110].

Respecto a lo establecido por el ET, se entiende que se vulneran los artículos 4 apartado segundo, letra c), relativo a los derechos laborales de los trabajadores, concretamente al de no ser discriminado directa o indirectamente para el empleo por razones de origen racial o étnico.

El artículo 8 apartado segundo, relativo a la forma del contrato: este debe constar por escrito siempre que se trate de un contrato a tiempo parcial o por tiempo determinado cuya duración sea superior a cuatro semanas; apartado cuarto: el empresario debe entregar a la representación legal de los trabajadores copia básica del contrato en el que se contengan todos los datos (a excepción

---

Asimismo, el área, dependencia u oficina de extranjería competente solicitará informe similar del Registro Central de Penados, quien lo emitirá en idéntico plazo.

2. Una vez asignados los NIE, el área, dependencia u oficina de extranjería competente procederá a la emisión y entrega de los documentos relativos a las tasas devengadas por la tramitación de la autorización de residencia temporal y trabajo o facilitará su obtención a los solicitantes y comprobará el abono de dichas tasas, continuando la instrucción.

La falta de abono de la tasa por la tramitación de la autorización de residencia y trabajo o de la tasa de modificación o prórroga de una autorización, en el plazo correspondiente, podrá ser considerada motivo de denegación de la autorización solicitada y de ulteriores solicitudes mientras no sea satisfecha y acreditado su pago.

3. La resolución de la Delegación o Subdelegación del Gobierno competente indicará el número del expediente GECCO, el ámbito geográfico, la ocupación y la duración de la autorización que expresará la fecha de inicio y final de la misma y que coincidirá con la duración del contrato, con los límites establecidos en esta orden. (...)»

El resto de apartados de este artículo regulan la documentación a recabar y los datos que debe contener dicha documentación.

110. Seguimos las líneas generales que establece Suay Rincón sobre el Derecho a la Igualdad de Trato en su estudio de la jurisprudencia reciente del TC en SUAY RINCÓN, J. (2022) «Justicia Constitucional y Principio de Igualdad: Un examen de la Última Jurisprudencia Constitucional (2017-2021)» en *IgualdadES*, 6, pág. 15.

del número de identificación personal) para, en caso de necesitarse, se pueda comprobar su validez; y, quinto: cuando la duración de la relación laboral sea superior a cuatro semanas el empleador debe informar a la persona contratada sobre los elementos esenciales del contrato y sus condiciones de ejecución, siempre dentro del plazo establecido legalmente y siempre que estas condiciones y elementos no consten por escrito en el contrato.

Y el artículo 17 que protege a las trabajadoras de las discriminaciones en las relaciones laborales. Entendiendo nulos los preceptos y cláusulas de los convenios colectivos en los que se produzcan discriminaciones desfavorables directas o indirectas por razón de etnia. De la misma forma que se considerarán nulas aquellas órdenes discriminatorias por razón de reclamación en la empresa para exigir el cumplimiento del principio de igualdad de trato y no discriminación.

Además, este tipo de contratación lleva aparejada la seguridad de regreso a su país de origen de las trabajadoras mediante una serie de condiciones que, en caso de no cumplirse, también conllevan la vulneración de la Orden ISM/1289/2020[111].

La normativa de la contratación en origen está íntimamente vinculada con la política migratoria de la Unión Europea respecto de los países no miembros. Esta política migratoria ha sido siempre muy cuestionada debido a su resistencia a la entrada de personas no comunitarias en territorio de la UE.

Es interesante cómo el Pacto Europeo sobre Inmigración y Asilo de 2008 (en adelante PEIA) comienza con una exposición de la situación actual europea frente a una cuestión: el proyecto político y de civilización que ha creado la Unión Europea, en el que las mercancías y los ciudadanos pertenecientes al espacio Schengen pueden circular libremente, mientras que los ciudadanos de terceros países no lo pueden hacer. Cuando la principal motivación para el acceso a territorio europeo se debe a la situación diferencial de riqueza en sus territorios[112].

Este PEIA gira sobre cuatro ejes que pretenden la organización de la inmigración ilegal teniendo en cuenta las capacidades de acogimiento de cada Estado miembro y persiguiendo la integración: el retorno de los extranjeros en situación irregular; el fortalecimiento de los controles en las fronteras; la construcción de una Europa que se centre en el asilo; y la creación de una colaboración global con los países de origen y de tránsito para favorecer la inmigración ordenada que favorezca el desarrollo[113]. Tanto en el primer eje como en el último es donde hunde sus raíces la contratación en origen en la que se basa el caso de las JH.

Sin embargo, en la actualidad este Pacto Europeo va más allá y da cuenta de una evolución significativa. Los motivos por los que se produce esta evolución

---

111. Artículo 4.

112. Pacto Europeo sobre Inmigración y Asilo 13189/08 ASIM 68 del Consejo de la Unión Europea, de 24 de septiembre de 2008, pág. 2.

113. *Ibid.*, pág. 4.

son múltiples; uno de ellos es la situación de colapso institucional, medioambiental y económico en que nos encontramos que da lugar a un nuevo Pacto Migratorio.

El nuevo Pacto Europeo de Migración y Asilo, cuyo acuerdo fue alcanzado a finales de diciembre de 2023, cuenta con unos ejes centrales que son más conflictivos que los de la antigua normativa y son los de: control reforzado de las llegadas de inmigrantes, cierre de centros[114] cercanos a las fronteras para aquellas personas que no tienen derecho a asilo[115], así como la solidaridad migratoria entre países miembros que se encuentren bajo presión migratoria. Las directrices generales[116] para su desarrollo se orientan a una mejora en las técnicas de seguridad y apoyo mutuo entre países. Estos objetivos son desalentadores frente a los derechos humanos porque persiguen la criminalización de las personas migrantes y aumentan la dificultad de acceso a sistemas de protección y asilo.

Se puede interpretar como un esfuerzo para fundamentar una política europea que solo tiene en cuenta los derechos humanos en relación con el derecho de asilo para la población ucraniana[117], el resto de población se encuentra al margen, al menos, de estos derechos.

Nos adherimos a la idea de Martín Valverde y García Murcia quienes entienden que «una de las diferencias principales entre el nacional y el extranjero es el derecho incondicional de aquél a morar en el territorio de su país. [De ahí que] (...) la legislación de extranjería es (...) una inmensa y compleja maquinaria de filtración de la presencia y permanencia en territorio español de aquellos extranjeros que quieran estar o radicarse en él»[118]. Aquí es, precisamente donde se insertan todas las críticas a las políticas sobre extranjería europeas, que se asientan sobre una base extremadamente racista que ahoga a las personas a que no tengan acceso a una vida digna en territorios europeos, a pesar de que vengan por un tiempo determinado a trabajar. El concepto de Europa-fortaleza encuentra aquí uno de sus mejores ejemplos.

---

114. Centros como los CIES (Centros de Internamiento de Extranjeros) a los que estamos acostumbrados debido a la institucionalización española pero que a ojos de normativa de Derechos Humanos también son criticables y cuestionables.

115. Un ejemplo de ello lo tenemos en el aeropuerto de Madrid-Barajas, donde se encuentran encerradas muchas personas esperando la activación del proceso de solicitud de asilo, sin opción a salir del aeropuerto una vez que han aterrizado en territorio estatal. Imágenes que nos hacen estar en una situación de incredulidad continua.

116. Apoyo sobre el terreno a los países que más inmigrantes reciben, con políticas determinadas para cada Estado atendiendo a sus necesidades. Refuerzo económico para sistemas de fronteras más sofisticados. Intensificación del apoyo de Frontex y de Europol. Así como el refuerzo en la gestion de las fronteras exteriores. *Communication from the Commission to the European Parliament, the Council, the European Economic and Social Committee and the Committee of the Regions on the Report on Migration and Asylum*. European Commission. Bruselas. 12.01.2023, pp. 9 y ss.

117. *Ibid.,* pp. 4 y ss.

118. MARTÍN VALVERDE, A. y GARCÍA MURCIA, J. (2023) *Derecho del Trabajo*. Madrid: Tecnos, pág. 510.

Una vez que tenemos en mente la política inmigratoria europea, comprenderemos mejor la herramienta de la contratación en origen y, sobre todo, la crítica que hacemos a este tipo de contratos.

A pesar de que en las tres situaciones encontremos casos de extrema vulnerabilidad, es el caso de las trabajadoras sin autorización de residencia las extremadamente vulnerables puesto que son más propensas a caer bajo situaciones extremas como la de abusos sexuales o no acceso a viviendas con requisitos de salubridad mínimos sin que tengan opción a denunciar estas situaciones.

Las condiciones de este tipo de contratación siguen un objetivo, seguimos aquí a Ceinos con quien compartimos la idea de que se busca la protección del «mercado laboral nacional»[119]. De ahí que, en este ámbito laboral, cada vez se recurra más a contratos en origen donde la mano de obra es más barata y ofrece menos problemas sindicales.

El ejemplo de ello lo tenemos en la evolución que sufren las trabajadoras contratadas ya que a medida que avanzamos en el grupo de mujeres que se encargan de estos trabajos nos encontramos con más derechos vulnerados.

Continuemos con el análisis del siguiente eje relativo al tipo de contrato ofrecido.

1.3.2. La modalidad contractual: ¿contrato de obra o servicio?

La modalidad de contrato que se realiza a estas trabajadoras es la de contratos de obra o servicio produciendo un posible fraude de ley en la medida en que se les contrata mediante una modalidad contractual que no se ajusta a las labores realizadas, puesto que el contrato necesario sería el de fijo discontinuo.

Estamos en la modalidad de contratación temporal (art. 15.1 ET)[120], que se rige por la necesidad de circunstancias de la producción, no cabe duda.

Esta contratación tiene que contener una causa de temporalidad que se justifica mediante la especificación de tres cuestiones: la primera, que en el contrato aparezca la causa habilitante de la contratación temporal; la segunda, que recoja las circunstancias que la justifican; y, la tercera, su conexión con la duración prevista.

La trampa viene con qué tipo de contrato se ofrece, si el que se ajusta a la situación laboral real, o aquél que beneficie al contratante, restando derechos y protección a las trabajadoras.

En el marco de la contratación temporal para que exista un contrato de obra o servicio válido, y sigo aquí a Martín Valverde y a García Murcia, se exige que el contrato tiene que referirse a la realización de tareas que cuentan con una

---

119. CEINOS SUÁREZ, Á. (2006) *op. cit.,* pág. 213.

120. Esta causa justificada de temporalidad será especificada con precisión en el contrato, las circunstancias concretas que la justifican y su conexión con la duración prevista. La regulación de esta modalidad la encontramos en el artículo 15.1 del Estatuto de los Trabajadores y en el artículo 2.1 del RD 2720/1998, de 18 de diciembre, por el que se desarrolla el artículo 15 del Estatuto de los Trabajadores en materia de contratos de duración determinada.

ejecución determinada y limitada en el tiempo y que, en principio son de duración incierta. Además, estas tareas «tienen autonomía y sustantividad dentro de la empresa»[121]. Ese no es el caso de este trabajo, estamos ante trabajos con una duración cierta, en determinadas épocas del año y cuya productividad asegura las condiciones del contrato de fijo discontinuo.

En relación con la justificación de la temporalidad, la jurisprudencia exige la necesidad de especificación de la misma con claridad en el contrato[122]. El Tribunal Supremo en su STS 1137/2020, de 29 de diciembre, declara que la definición otorgada por el artículo 15.1 a) del ET «pone el acento en la autonomía y sustantividad dentro de la actividad de la empresa»[123] y que busca atender a una actividad de carácter excepcional. Precisamente es en este supuesto donde enmarcamos la labor realizada por las JH.

Mientras que el contrato de fijo discontinuo, siguiendo el artículo 16.1 del ET, se utiliza para «trabajos de naturaleza estacional o de actividades productivas de temporada»[124]. Es decir, para «determinadas actividades productivas [que] se desarrollan de forma periódica y discontinua, con interrupciones más o menos prolongadas, pese a tener carácter fijo o permanente. Son actividades de «campaña» las que se realizan en determinadas fechas del año»[125]. La línea que separa esta modalidad de contrato con la de contrato de obra o servicio la encontramos en la naturaleza del trabajo que tiene que ser: imprevisible, esporádico o coyuntural y ocasional. En cambio, si el trabajo se repite de forma cíclica, como en este caso que la campaña se repite año tras año, se debe ajustar al contrato fijo de carácter discontinuo, evitando así este carácter de encubrimiento de contratación fraudulenta[126]. Que sigue, a su vez, a lo establecido por el Tribunal Supremo en su STS de 27 de septiembre de 1988 cuando establece que es la «reiteración o no en el tiempo de la necesidad que da lugar a la contratación»[127]. Esta reiteración en el tiempo constituye la distinción que separa a los contratos eventuales del artículo 15.1. b) ET de los contratos fijos-discontinuos del 16.1.

Que el empleador utilice el contrato que menos prestaciones y dinero le supone a la hora de contratación no es casualidad. Bajo la situación de poder con la que cuenta, juega con estas dos figuras contractuales y utiliza la que más beneficio le produce, sin ajustarse a las condiciones legislativas que se prevén para cada modalidad contractual. Del mismo modo que se escuda en la indeterminación jurídica para utilizar un discurso que hace presentar su elección como una acción de contratación que beneficia a las empleadas, siendo esto justamente lo contrario a lo que sucede en la realidad.

---

121. MARTÍN VALVERDE, A. y GARCÍA MURCIA, J. (2023) *op. cit.*, pág. 587.

122. STSS de 10 de diciembre de 1996 y de 11 de abril de 2018.

123. STS 1137/2020, de 29 de diciembre, FJ Quinto, párrafo tercero.

124. Artículo 16.1 del Estatuto de los Trabajadores.

125. MARTÍN VALVERDE, A. y GARCÍA MURCIA, J. *op. cit.*, pp. 610-611.

126. *Cf. Ibid.*, pág. 611.

127. STS 27 de septiembre de 1988. RJ 1988/7129. Fundamento Jurídico quinto.

En el citado informe de la ONG Terra se pone de manifiesto, de manera explícita, cómo estas cuestiones de abuso en las modalidades contractuales producen situaciones de trabajo forzoso o esclavitud o prácticas que se asemejan mucho a la esclavitud[128]. Lo que podríamos denominar como esclavitud contemporánea.

Precisamente este abuso de poder respecto a la modalidad contractual se apoya en el siguiente eje sobre el que gira este caso: la discriminación administrativa.

1.3.3. Discriminación administrativa

En la página doce del Informe Jurídico encontramos la alusión a la discriminación interseccional debido a la situación administrativa que sitúa a las trabajadoras en situación de vulnerabilidad[129].

Esta discriminación administrativa tiene una doble faceta. Una, la situación administrativa como no nacional y, dos, las condiciones del contrato de trabajo.

Sobre la primera, que se trate de mujeres extranjeras les hace estar en un nivel inferior respecto a todos los ejes del caso puesto que no tienen acceso a los mismos derechos que una persona nacional. Que sean mujeres extranjeras es lo que les aboca, por ejemplo, a conseguir un contrato de empleo en origen o a no acceder al sistema de seguridad social de manera completa, como veremos más adelante. Tenemos que su situación administrativa inferior es lo que da cuerpo al resto de ejes del caso.

Sobre la segunda faceta, sucede que las trabajadoras reciben el contrato de trabajo al que se quedarán sujetas en castellano, sin traducir, imposibilitando así la finalidad de la forma documentada: la información de las condiciones que, a su vez, no son coincidentes con las que se les explica en Marruecos[130].

¿Qué se consigue con estas condiciones, estos requisitos y este tipo de contratación? Asegurarse que vienen mujeres en situación de extrema vulnerabilidad. En muchos de los casos no conocen la lengua o son analfabetas, de ahí que la preferencia sean mujeres procedentes de las zonas rurales por su situación de necesidad económica. Y que vengan en situación de necesidad, en la medida en que las condiciones no coincidan con las explicadas en origen, da lugar a que no tengan opción de rechazar el trato.

Esto además de la propia inseguridad jurídica que crea, hace que nos situemos en el delito de trata de personas, de mujeres[131], ya que «el engaño en las condiciones de contratación en origen, cuando es determinante de la aceptación

---

128. PANARIELLO, M. (2021) *op. Cit.*, pág. 45.

129. *Cf.* FILIGRANA, P., LALANA, B. et al. (2021) *op. cit.*, pág. 12.

130. *Cf. Ibid.,* pág. 15. Esta denuncia también la encontramos en MARTÍNEZ, C. (2021) *op. cit.*, pág. 1.

131. A 21 de febrero de 2024 se destapa una red de trata de mujeres temporeras y se las libera de situación de esclavitud a las que no se les permitía ni beber ni comer en Sevilla y en la que, incluso algunas, llegaron a sufrir un aborto por el trabajo al que estaban sometidas.

del contrato y del traslado, es una de las notas características de la trata de seres humanos, particularmente de mujeres»[132].

Vemos cómo, en cada uno de los ejes que compone el caso, se va volviendo más compleja y catastrófica la situación jurídica de las trabajadoras.

Es decir, estaríamos ante otra muestra de abuso de poder, esta vez sobre las condiciones formales del contrato de trabajo que puede terminar en un delito de trata de blancas, caracterizado, precisamente por ese engaño en las condiciones de contratación.

Esto produce dos situaciones más de discriminación. La primera es el incumplimiento de la finalidad de informar sobre las condiciones de trabajo por las que se les contrata. Y, esta situación a su vez, produce la segunda situación de discriminación, las trabajadoras en Marruecos reciben una información distinta de la oferta de trabajo por la que luego serán contratadas. Como ya hemos señalado, esto produce una de las notas características de la trata de seres humanos, particularmente de las mujeres[133].

Esta situación de discriminación administrativa, también tiene una consecuencia lamentable y es que una vez que se produce el pago, este se realiza en idioma y en moneda que las trabajadoras desconocen, de ahí que en el caso de que se produzcan desajustes al precio establecido no haya posibilidad de reclamación. En muchas ocasiones, además, ni siquiera cuentan con recibo, no se facilita la posibilidad de reclamación.

Sin embargo, a pesar de los problemas que acarrea esta cuestión lingüística y, sabiendo que las contrataciones en origen se llevan produciendo desde los años 90 del siglo pasado, no encontramos ninguna norma relativa a la protección lingüística en el ET. Por ejemplo, que la redacción del contrato de trabajo en una lengua que la trabajadora pueda comprender fuese un requisito de validez y forma del mismo. Sí que encontramos en el Convenio Colectivo, de 2023, un artículo que busca el compromiso de igualdad de trato y oportunidades mediante la no discriminación por cuestión lingüística[134]. Este es un factor de desprotección por falta de representación de estas trabajadoras que afecta a las personas que se encuentran en una situación administrativa de desventaja y que hace que la balanza se vuelva a inclinar a favor de los sujetos que cuentan con la posición privilegiada.

Recapitulando la discriminación múltiple ante la que estamos: se contrata a sujetos vulnerables por cuestión de sexo, de clase, de etnia y todo ello precedi-

---

Se puede seguir la noticia en el siguiente enlace: https://www.eldiario.es/sevilla/victimas-trata-liberadas-sevilla-captadas-paises-traves-falsas-ofertas-empleo_1_10943440.html

132. FILIGRANA, P., LALANA, B. et al. (2021) *op. cit.*, pág. 35.

133. *Cf. Ibid.*, pág. 35.

134. Artículo 35 de Igualdad de Trato y Oportunidades del Convenio Colectivo de los Trabajadores del Campo en la Provincia de Huelva, de 24 de febrero de 2023. Nada se establece tampoco en el Estatuto de los Trabajadores como requisito de validez y forma de los contratos respecto a la lengua del trabajador.

do por la relación colonial que vincula a Marruecos y a España que se puede explicar a través del objetivo de gestionar flujos migratorios.

Tenemos una contratación en la que la situación de estas mujeres se aproxima más a un estado de esclavitud. Como se produce una imbricación de situaciones de dominación, en algunos casos cuádruple como acabo de enunciar, conviene más hablar de situación de dominación y no de vulnerabilidad poniendo así de relieve las relaciones de poder que están en juego en este caso. Son mujeres que vienen solas, no conocen sus derechos laborales, no están organizadas (al menos no hasta antes de los casos de 2018), ni tienen respaldo sindical y todas estas características dificultan la posibilidad de conocer sus derechos.

Veamos ahora qué ocurre con la prestación, la jornada de trabajo y los salarios prometidos a estas trabajadoras.

1.3.4. Tiempo de la prestación, jornada de trabajo y salarios[135]

La vulneración de cuestiones básicas de control y delimitación de las jornadas laborales también provoca, claro, una vulneración de la contraprestación económica, de los pagos, que se deberían realizar a las JH.

Lo cierto es que las trabajadoras ni siquiera conocen los tiempos de trabajo prestados, pues no se concreta ni se sigue calendario u horario. En principio porque estamos ante el «trabajo a llamada» que se produce en la temporada en que se necesita que las trabajadoras realicen la labor de recolección y se les contrata pero sin saber exactamente de qué periodo de prestación estamos hablando.

Ahora bien, atendiendo al Convenio Colectivo tenemos que la prestación de jornada será determinada, 39 horas semanales según el artículo 7 del mismo. Y, atendiendo al artículo sexto de la Ley de Infracciones y Sanciones en el Orden Social (en adelante LISOS)[136], se precisa la exposición del calendario laboral vigente en un lugar visible del centro de trabajo.

Respecto a las horas de trabajo realizadas no existen registros de jornada y esto hace que no se pueda controlar la realización de horas extras. Horas extras que se producen, de manera habitual, en la tarde respecto a labores de limpieza de las zonas comunes donde conviven mientras realizan estos trabajos[137]. Horas

---

135. Para una mayor comprensión de las vulneraciones que se hace a estas trabajadoras respecto al salario se debe analizar de manera minuciosa la cadena de valor del sistema agroalimentario ya que es en el margen de beneficios donde se abusa del bajo salario de estas trabajadoras. Eso excede los tiempos de este trabajo, sirva por ahora dejarlo apuntado y, además, añadir que «el sistema alimentario es uno de los más complejos dentro de la economía, lo que origina problemas de ineficiencia, falta de transparencia y abuso de posición dominante, entre otros». BRIZ, J. (2011) en BRIZ, J. FELIPE, I. de (2011) *La Cadena de Valor Agroalimentaria.* Madrid: Ed. Agrícola, S. A., pág. 68.

136. Real Decreto Legislativo 5/2000, de 4 de agosto, por el que se aprueba el texto refundido de la Ley sobre Infracciones y Sanciones en el Orden Social.

137. *Cf.* FILIGRANA, P., LALANA, B. et al. (2021) *op. cit.,* pág. 19. También en MARTÍNEZ, C. (2021) op. cit., pp. 2-3.

extras que ni se tienen en cuenta, ni mucho menos se ven remuneradas, permítanme la redundancia.

Y por lo que se refiere a los salarios las cosas tampoco mejoran y se vuelve a evidenciar una serie de vulneraciones laborales graves:

En primer lugar, se realiza trabajo a destajo, sin embargo, el Convenio Colectivo de los Trabajadores del Campo en la Provincia de Huelva (en adelante Convenio Colectivo) no contiene una regulación explícita de esta figura. La realidad jurídica de la práctica es que las empresas fijan una cantidad de fruta para recoger por día (trabajo a destajo) y, en caso de no ser cumplida esa cantidad, se comunica a la trabajadora que no acuda al puesto de trabajo al día siguiente[138].

Si acudimos al Convenio Colectivo, tenemos que en su artículo séptimo se regula la jornada de trabajo atendiendo exclusivamente al tiempo como unidad de medida de trabajo. Se regulan 39 horas semanales como jornada laboral efectiva, con las excepciones que traigan las campañas determinadas en las que se podrá concentrar la jornada. Esta concentración de jornada se denomina como jornadas intensivas y son las de la temporada de los frutos rojos, donde se contará como laboral los domingos y se otorgará un descanso de 15 minutos continuados.

En el Convenio Colectivo no encontramos regulación concreta sobre el trabajo a destajo, que es aquel que no atiende a las horas de trabajo realizadas, sino que atiende a las cantidades de frutos recolectadas en cada jornada. Por tanto, se interpreta que aunque no esté prohibido por el Convenio, tampoco está regulado. Y que, como el Convenio lo que regula es la jornada de trabajo de 39 horas semanales, esta es la directriz a seguir en la contratación de estas trabajadoras.

Este es uno de los puntos conflictivos puesto que en una de las denuncias presentadas por estas trabajadoras[139], la trabajadora alude a la prohibición del trabajo a destajo en su puesto de trabajo. Sí que se podría interpretar, mediante un argumento *a fortiori*, que estamos ante una prohibición de trabajo a destajo por la regulación del artículo séptimo del Convenio Colectivo. Sin embargo, no es esta la interpretación que realiza la Inspección de Trabajo para quien resulta «muy aventurado decir que está prohibido por Convenio».

Si atendemos a la regulación internacional de esta figura, la Organización Internacional del Trabajo (en adelante OIT), entiende que se debe remunerar como trabajo a destajo la práctica utilizada en trabajos determinados que se pueda remunerar por unidad de obra realizada o servicio prestado, en lugar de la remuneración sobre el tiempo empleado para ello. Además, añade que son las mujeres las que más se ven afectadas por este tipo de trabajos puesto que los trabajos a destajo afectan a personas en situación de vulnerabilidad, segmentos que conforman la economía informal y que se da en países en desarrollo. Es decir, el caso de las JH encaja perfectamente en lo analizado por la OIT[140]. Y

---

138. *Cf.* FILIGRANA, P., LALANA, B. et al. (2021) *op. Cit.*, pág. 18.

139. Denuncia 21/0001680/21 de 6 de marzo de 2021.

140. Definición disponible en: https://www.ilo.org/global/topics/wages/minimum-wages/definition/WCMS_541707/lang--es/index.htm#:~:text=El%20pago%20a%20destajo%20designa,base%20del%20tiempo%20empleado%20para

también nos da la razón sobre la incompatibilidad de atender al trabajo a destajo cuando la regulación colectiva contempla horas trabajadas.

Para asegurar las buenas prácticas en este tipo de trabajo se debería regular por convenio exactamente las situaciones a las que se atienen ambas partes para no caer en otra situación más de discriminación y vulneración de derechos. Otro claro ejemplo de indeterminación jurídica, no existe ni regulación ni prohibición expresa por convenio de esta modalidad de trabajo, vacío que aprovecha la parte contratante para acogerse a ella cuando más le conviene.

En segundo lugar, se realizan modificaciones arbitrarias del rendimiento que se les exige a las trabajadoras, imponiendo castigos si no se ajustan a dichas peticiones[141]. Sucede que, a pesar de tener un contrato pactado en origen para trabajar todos los días, en muchas ocasiones los encargados comunican a las trabajadoras que no acudan a trabajar al día siguiente sin cobrar la jornada de trabajo[142].

En tercer lugar, no se retribuye la indemnización que merecen por Convenio las trabajadoras por encontrarse alojadas a más de 2 kms del lugar de trabajo. En el Convenio Colectivo aparece regulada esta indemnización por camino en su artículo 12, en el que se expone que «la jornada laboral comienza en el tajo para las faenas exclusivamente manuales o en el lugar de reunión si se precisa maquinaria o accesorios (…) y se termina en el lugar donde había comenzado». En el caso de que el tajo o lugar de reunión se encuentre a más de 6 km, las empresas pagarán 22 céntimos de euro/km a partir del kilómetro 7, tanto la ida como la vuelta. Y, además, añade este artículo que «en el caso de que el medio de locomoción facilitado por la empresa no pudiera llevar a las trabajadoras hasta el mismo puesto de trabajo, y éste estuviese situado a más de 500 metros del punto de llegada, se considerará tajo donde se apearon las trabajadoras a efectos de jornada».

En cuarto lugar, y no menos importante, los salarios del Convenio Colectivo son muy precarios, de los más bajos fijados por la ley y hasta 2020 no los adaptaron al salario al Salario Mínimo Interprofesional (en adelante SMI)[143]. En 2020 el SMI estaba fijado en 31,66 euros al día o 950 euros al mes[144]. A fecha 6 de febrero de 2024 se produce una subida del mismo en un 5% y queda fijado en 37,8 euros brutos al día o 1.134 euros distribuidos en catorce pagas[145]. Y, a pesar

---

141. Respecto al salario también se les paga mucho menos de los que se estipula al inicio de la relación contractual. Informe de Terra: PANARIELLO, M. (2021) *op. Cit.*, pág. 51.

142. *Cf.* FILIGRANA, P., LALANA, B. et al. (2021) *op. Cit.*, pág. 18.

143. *Ibid.*, pp. 22-23. En el caso del Convenio Colectivo actual se establece en su artículo 17, relativo a las retribuciones que: «en caso de que el SMI supere lo acordado en el presente convenio en materia de retribuciones, se aplicará un complemento adicional hasta alcanzar la cuantía del SMI vigente».

144. Artículo 1 del Real Decreto 231/2020, de 4 de febrero, por el que se fija el salario mínimo interprofesional para 2020.

145. Información disponible en: https://www.lamoncloa.gob.es/serviciosdeprensa/notasprensa/trabajo14/Paginas/2023/140223-salario-minimo-interprofesional.aspx

de aparecer así establecido en el Convenio Colectivo[146], sigue existiendo resistencia por parte de los empleadores para pagar al nivel del SMI como así lo denuncian desde Jornaleras en Lucha[147].

Además del desconocimiento de tiempo de la prestación, de la inexistencia de los registros de jornadas, y las tres vulneraciones descritas respecto a los salarios, puede que exista otro desbarajuste por el riesgo de que el modelo contractual no se mantenga en el tiempo, con las consecuencias negativas que eso conlleva. Algunas de las trabajadoras ven disminuido su tiempo de contratación de un año para otro y eso supone: disminución de salario y de prestaciones[148].

Se trata de un claro ejemplo de la situación de España frente a la tasa de temporalidad que es mucho mayor a la media comunitaria[149]. Esta temporalidad elevada se presenta mediante mayor trabajo involuntario a tiempo parcial y una rotación muy elevada de contratos de muy corta duración, todo ello conlleva la precarización del mercado laboral y la alta inestabilidad debido a las variaciones cíclicas del mercado.

Las mujeres son las que sufren en mayor medida estas condiciones[150], como es el caso de las JH. Por este motivo, entre muchos otros, la reforma laboral pretende simplificar y abordar las modalidades de contratación laboral, favoreciendo el uso del contrato fijo-discontinuo para actividades cíclicas y estacionales y penalizando la utilización excesiva de contratos de muy corta duración[151].

En quinto lugar, los gastos relativos al alquiler, suministros, bienes de consumo, arreglo de electrodomésticos y medicamentos corre a cargo de las trabajadoras cuando ya habíamos visto en el análisis de los primeros ejes que de esos gastos se tenía que hacer cargo el empleador.

Vemos, por tanto, que en este cuarto eje se producen vulneraciones de lo más preocupantes y que, también, son derivadas de la discriminación interseccional que hace a estas trabajadoras más vulnerables de lo que pudiésemos pensar si en vez de múltiples categorías solo les atravesase una. La complejidad que advertíamos en el eje anterior no se ve rebajada en este.

Atendamos ahora a los riesgos a los que se enfrentan estas trabajadoras desde el ámbito de la protección de la seguridad y de la salud.

---

146. Artículo 17 del Convenio Colectivo.

147. A fecha 17 de febrero de 2024, Ana Pinto, portavoz del colectivo Jornaleras en Lucha, sigue quejándose de esta cuestión. Entrevista disponible en: https://osalto.gal/racismo/rueda-tractores-jornaleras-migrantes-andalucia-siguen-derechos

148. *Cf.* FILIGRANA, P., LALANA, B. et al. (2021) *op. Cit.*, pág. 17. Para un estudio sobre el uso de estas figuras de contratación atiéndase al Informe de Terra: PANARIELLO, M. (2021) *op. Cit.*, pp. 30-33.

149. Gobierno de España (2021) *Plan de Recuperación, Transformación y Resiliencia.* De 27 de abril de 2021. Anexo 4. 23. D, pág. 337. Disponible en: https://www.lamoncloa.gob.es/temas/fondos-recuperacion/Documents/30042021-Plan_Recuperacion_%20Transformacion_%20 Resiliencia.pdf Más allá de si ese fin de la norma se llega a conseguir.

150. *Cf.* FILIGRANA, P., LALANA, B. et al. (2021) *op. Cit.*, pág. 17.

151. *Cf. Ibid.* Otro debate es el de si las recientes reformas laborales han conseguido este objetivo o no.

1.3.5. Riesgos y protección de la seguridad y la salud

A medida que avanzamos en el análisis de los distintos ejes, la situación se vuelve más complicada y asfixiante respecto a la vulneración de derechos. Y debemos reiterar que no es casualidad que esto ocurra en trabajos realizados por mujeres extranjeras ya que son ellas las que realizan actividades laborales «en sectores de actividad donde se producen más accidentes de trabajo, la construcción, los servicios, la agricultura (…). De hecho, esas características han llevado a que en el ámbito internacional se califique a puestos de trabajo o actividades que se ofrecen a los inmigrantes como «Tres D»: dirty, dangerous, demanding»[152]. Que no se respeten los mínimos laborales en el caso de trabajadoras extranjeras no es, por tanto, casualidad.

Aquí las situaciones que ponen en peligro a las trabajadoras son tres: la exposición a pesticidas y productos tóxicos con los que trabajan; la exposición al COVID desde la época de pandemia y la situación infrahumana de alojamiento.

Veamos una por una estas situaciones.

En primer lugar, la exposición a pesticidas y productos tóxicos hace que existan problemas de salud recurrentes en las trabajadoras. Se producen incapacidades laborales por este motivo, según los testimonios recogidos por las autoras del Informe. Existe falta de equipos y se necesita que no se fumigue en presencia de las trabajadoras[153].

Tampoco se tienen en cuenta las inclemencias temporales a la hora del trabajo de estas mujeres.

En segundo lugar, en época de pandemia no se les facilitó elementos de prevención de la COVID, hecho que les afectó excesivamente debido a la situación a las que están sometidas. No pudieron guardar la distancia social ni en el trabajo ni en los alojamientos, no existe desinfección de las instalaciones y no se provee a las trabajadoras de los equipos de protección individual necesarios[154]. Tanto en la exposición a pesticidas y productos tóxicos, como en la no facilitación de medidas preventivas en época de COVID, se vulnera lo establecido en los artículos 12 apartado primero, letras a y b de la LISOS y el artículo 16 de la Ley de Prevención y Riesgos Laborales (en adelante LPRL). Donde se establece, respectivamente que, son infracciones graves el incumplimiento de la integración de prevención de riesgos laborales en la empresa, así como no llevar a cabo las evaluaciones de riesgos y sus actualizaciones y revisiones; y, que la prevención de riesgos laborales debe integrarse en el sistema general de gestión de la empresa y debe incluir la estructura organizativa, responsabilidad, prácticas y recursos necesarios para la realización de prevención de riesgos en la empre-

---

152. CAMAS RODA, F. (2016) *Trabajo decente e inmigrantes en España. Un estudio sobre los derechos laborales de los trabajadores migrantes y del objetivo internacional del trabajo decente.* Barcelona: Huygens Editorial, pág. 132.

153. *Cf.* MARTÍNEZ, C. (2021) *op. cit.*, pág. 2.

154. *Cf.* FILIGRANA, P., LALANA, B. et al. (2021) *op. Cit.*, pp. 26-27. Cuestiones que en todas las demandas de 2021 se exponen como hechos que vulneran derechos.

sa. Con un papel activo del empresario que debe evaluar la situación y los riesgos a los que se exponen sus trabajadoras.

En tercer lugar, en cuanto al alojamiento de las trabajadoras, las mismas se organizan en contingentes que comparten alojamientos regulados. Cada uno de los alojamientos cuenta con una persona responsable del mismo, quien se encarga de la limpieza del alojamiento y del traslado de las trabajadoras enfermas al centro de salud más cercano. Se recoge en el Informe Jurídico una entrevista en la que una trabajadora enferma relata que la responsable se niega a trasladarla al centro de salud en la noche.

No cuentan con medios de transporte para ir al pueblo más cercano, es decir, están aisladas de los recursos que pudieran necesitar.

Debemos añadir, además, lo que ellas mismas denominan como tratos vejatorios y humillantes por parte de las responsables, tanto en los alojamientos como en la zona de trabajo.

Dichos alojamientos son compartidos entre 8 y 12 mujeres, de ahí que en los momentos de pandemia no se pudiese guardar la distancia social ni contar con situaciones que favoreciesen el no contagio de las mujeres.

La primera nómina se les resta por concepto de vivienda y de seguro.

Si bien todo esto es lo que ocurre en los alojamientos regulados, también existen alojamientos no regulados o irregulares en los que se alojan las trabajadoras que no cuentan con alojamiento facilitado por las administraciones[155]. Estos alojamientos son chabolas de cartón, plástico, mantas y palets en las que no existe ni sistema eléctrico, ni de aguas. Por tanto, todo lo expuesto con anterioridad respecto al alojamiento, en estos alojamientos irregulares se ve agravado, especialmente en época de pandemia, debido a la salubridad.

Otra nota que debemos destacar aquí es que las chabolas, que construyen las propias trabajadoras para alojarse durante el tiempo que dure el trabajo, las construyen con palés y cartones que les venden los mismos empresarios que las contratan bajo el precio de 1 euro por palé[156]. Se encuentran cerca de vertederos y todo esto produce una situación de insalubridad extrema e inseguridad[157].

La cuestión de la seguridad y protección de los trabajadores ha sido una de las principales demandas que han dado lugar a la creación del Derecho Laboral, de ahí que en cualquier caso de este ámbito sea de especial importancia.

Realizando un pequeño repaso que nos ayudará a comprender mejor la gravedad de este eje del caso, tenemos que el Derecho Laboral es un derecho creado *ad hoc* para proteger los intereses de los trabajadores y desvincularse del Derecho Civil[158] y Mercantil que eran los que regulaban los contratos laborales.

---

155. En el trabajo de ARAB, C. (2020) *op. Cit.*, existen fotografías de estos asentamientos que nos permiten hacernos una idea de los mismos.

156. *Cf.* MARTÍNEZ, C. (2021) *op. cit.*, pág. 1.

157. *Cf.* FILIGRANA, P., LALANA, B. et al. (2021) *op. Cit.*, pp. 28-29.

158. Romagnoli nos lo explica diciendo que «el trabajo no había llamado a la puerta de la historia jurídica solo para ser encerrado en el recinto del derecho de los contratos entre privados y hacerse envolver en el celofán de sus categorías lógico-conceptuales». ROMAGNOLI, U. (2013)

El momento histórico en el que se conforma la base objetiva del Derecho del Trabajo, siguiendo a Molina y Moreno, es cuando se originan las revoluciones industrial y burguesa. En ese momento nacen tanto el nuevo sujeto económico como el nuevo modo de producción: la empresa capitalista y el sistema capitalista, respectivamente[159]. Es la «legislación obrera [la que intenta dar] respuesta social [por parte del] poder político (...) a la acción de los trabajadores en defensa del orden económico establecido, [en una doble dirección, mediante el] reconocimiento del Derecho de Asociación y, [mediante] la emanación de un nuevo tipo de normas correctoras de los excesos derivados del libre juego de las leyes económicas del Mercado»[160]. Precisamente este Derecho de Asociación es el que se pone en valor cuando se trata el caso de las JH quienes, a pesar del olvido al que se vieron sometidas por los principales sindicatos, fueron capaces de organizarse y conseguir las demandas político-sindicales que estaban persiguiendo gracias a la organización que crearon de Jornaleras de Huelva en Lucha[161].

Este nuevo derecho está compuesto por elementos de distintos orígenes como pueden ser la autonomía privada o el origen público[162] y es mutable, se verá muy influenciado (hasta el punto de mudar) debido a su necesidad de adaptación al contexto socioeconómico[163], del que surge y en el que se inserta. De ahí que el Derecho Laboral sea mudable ya que sabemos que la situación político-económica es muy cambiante y dinámica.

El joven Derecho del Trabajo, debido a sus raíces, se compone de «un conjunto de normas re-equilibradoras en origen y como horizonte de la desigual relación existente entre quien trabaja y quien detenta los medios de producción»[164], normas que se ven más que puestas en cuestión en supuestos como el que acabamos de analizar en este apartado y que nos lanzan a cuestionar si el Derecho

---

«Derecho Laboral y Marco Económico: Nexos de Origen y Perfiles Evolutivos» en *Revista de Derecho Social,* nº 64, pág. 14. Y, añade que, «al emanciparse de la concepción patrimonialista y mercantilista favorita del derecho privado, ha penetrado en el espacio público hasta elevarse, en la segunda posguerra, a las alturas del derecho constitucional». *Ibid.,* pág. 15.

159. *Cf.* MONEREO PÉREZ, J. L., MOLINA NAVARRETE, C. y MORENO VIDA, Mª NIEVES (2014) *Manual de Derecho del Trabajo.* Granada: Comares, 12ª Edición, pp. 16-17.

160. *Ibid.,* pág. 22. En este mismo sentido ENRIQUE TORRES, L. (2006) «El «genoma» laboral: Orígenes, componentes y evolución del derecho del trabajo» en *Quaderns de ciencies socials,* núm. 5, pp. 9-14.

161. Toda la información y los logros obtenidos se encuentran en su página web: https://jornalerasenlucha.org/sustrato/#somos

162. *Cf.* ENRIQUE TORRES, L. (2006) *op. cit.,* pág. 14.

163. *Ibid.,* pág. 24. En este mismo sentido se pronuncia Romagnoli cuando alude al carácter cíclico como «una constante de los procesos económicos, la crisis de la economía debe considerarse una compañera de viaje habitual del derecho laboral». ROMAGNOLI, U. (2013) *op. cit.,* pág. 13.

164. MORA CABELLO DE ALBA, L. (2013) «La cultura jurídica del Trabajo en un cambio de época» en BAYLOS GRAU, A. (Coord.) (2013) *Modelos de Derecho del Trabajo y Cultura de los Juristas.* Albacete: Eds. Bomarzo, pág. 65. Para un estudio pormenorizado de la construcción del Derecho del Trabajo en España acúdase a MONTOYA MELGAR, A. (2009) *Ideología y Lenguaje en las Leyes Laborales de España (1873-2009).* Navarra: Aranzadi, Thomson Reuters. 2ª Edición.

del Trabajo, en este caso, pierde de vista su objetivo fundamental para el que se originó.

El siguiente eje es el relativo a la asistencia y protección social.

1.3.6. Asistencia y protección social

La situación de discriminación administrativa de estas trabajadoras les hace estar fuera del circuito de protección social. De ahí que algunas de las situaciones más complicadas sufridas por estas trabajadoras, se dieron en el ámbito de la no asistencia sanitaria.

Con fuera del circuito de protección social nos referimos a que no están dentro del sistema de seguridad social para la adquisición de medicamentos. La condición de asegurado para ser beneficiario de la asistencia sanitaria española viene recogida en el artículo segundo del Real Decreto 1192/2012, de 3 de agosto, por el que se regula la condición de asegurado y beneficiario de la asistencia sanitaria en España, con cargo a fondos públicos, a través del Sistema Nacional de Salud. En ese artículo se recoge, por tanto, que son asegurados los nacionales españoles, los nacionales de algún Estado miembro de la Unión Europea, del Espacio Económico Europeo y los extranjeros inscritos en el Registro Central del Extranjeros. Estas personas se pueden beneficiar, como hemos dicho, de las actuaciones de la Administraciones Públicas Sanitarias para la promoción de la salud, para la asistencia sanitaria, la rehabilitación funcional y reinserción social del paciente, a las acciones sanitarias preventivas de enfermedades (artículo 6), así como a la obtención de medicamentos y productos sanitarios necesarios para conservar o restablecer la salud (artículo 10, apartado 14) recogidos en la Ley 14/1986, de 25 de abril, General de Sanidad reformada el 23 de marzo de 2023[165]. Esta consolidación de los derechos de los extranjeros a la asistencia sanitaria la encontramos en el artículo 12 de la LO 4/2000, de 11 de enero, sobre derechos y libertades de los extranjeros en España y su integración social.

Ya veníamos advirtiendo, en el apartado de salarios, que los medicamentos corrían a cuenta de las propias trabajadoras. Bien, a pesar de estar dadas de alta, afiliadas y existir cotización a la Seguridad Social, estas trabajadoras relatan que cuando enferman se les aísla en el alojamiento hasta que puedan reincorporarse al trabajo, sin recibir la asistencia médica necesaria.

Si, por el contrario, acuden al médico, los gastos que se producen en ese viaje y asistencia, corren a cargo de la propia trabajadora enferma. Ya que no existe transporte que les acerque ni al pueblo ni al centro de salud. Tampoco existe una persona que haga de traductora entre los médicos y las trabajadoras.

---

165. Encontramos en esta ley (en el capítulo único, artículo uno) que solo serán titulares del derecho a la protección de la salud y a la atención sanitaria los extranjeros con residencia en el territorio nacional.

Existen varios casos conocidos en los que trabajadoras gravemente enfermas son abandonadas y despedidas del trabajo por este motivo[166].

Más situaciones de desprotección social es la no cotización por desempleo por tener que volver a su ciudad de origen una vez terminado el trabajo realizado[167].

Así, vamos sumando situaciones de vulneración derechos y de no reconocimiento de estas trabajadoras como sujetos jurídicos.

La siguiente, y última, característica del trabajo de estas mujeres es la situación de abusos sexuales que salen a la luz a partir del año 2018 y a la que son sometidas varias de las trabajadoras. Probablemente es una de las características más conocidas de este caso, es por eso que hemos decidido dejarla para lo último, para que no se aborde este caso como un mero caso de abusos sexuales.

1.3.7. Abusos sexuales

Al inicio de este epígrafe decía que una de las fechas clave para este caso era el año 2018, cuando se producen varias denuncias de abuso sexual por parte de las temporeras a sus empresarios. Ese año «ha estado marcado por dos elementos importantes que han modificado profundamente la mirada sobre las emigrantes temporeras marroquíes contratadas en origen. El primero es el aumento muy significativo del número de reclutadas: cerca de 15.000 (…). El segundo, las oscuras historias de agresiones sexuales que han salido a la luz del día»[168]. Volviendo visibles a las trabajadoras que hasta ahora eran invisibles[169].

Este sector de producción cuenta con una llamativa feminización de sus escalones más bajos. Y, a pesar del cambio colosal, siguiendo la expresión utilizada por Casas Baamonde, que se produce a partir de la incorporación de la mujer a los mercados de trabajo[170], este caso es un claro ejemplo de la discriminación que siguen sufriendo las mujeres en el mercado laboral, debido a que no se consigue obtener un trabajo con las condiciones jurídicas laborales deseables.

Las distintas situaciones de discriminación que venimos analizando abonan el terreno para que se produzcan aún más vulneraciones, como es el caso de los abusos sexuales.

Que cuenten con una situación de partida tan desventajosa hace que, hasta ese momento, careciesen de una red sindical que pudiera cubrirle las espaldas durante su estancia en territorio español. Lo divisaba la Catedrática Carolina

---

166. *Cf.* FILIGRANA, P., LALANA, B. et al. (2021) *op. Cit.*, pág. 30 y también MARTÍNEZ, C. (2021) *op. cit.*, pág. 2.

167. *Cf. Ibid.*, pp. 30-31.

168. ARAB, C. (2020) *op. Cit.*, pág. 17.

169. En este sentido, ARAB, C. (2020) *op. Cit.*, y MIEDES UGARTE, B. y REDONDO TORONJO, D. (2007) *op. Cit.*

170. *Cf.* CASAS BAAMONDE, E. «Prólogo» en MOYA AMADOR, R. (Dir.) y SERRANO FALCÓN, C. (Coord.) (2016) *Estudios sobre los diversos aspectos jurídicos del trabajo de la mujer.* Navarra: Aranzadi, pp. 42 y 48.

Martínez cuando en una de sus crónicas aludía a la situación de miedo a la que son expuestas estas trabajadoras desde que pisan terreno andaluz, esto favorece a la no organización sindical[171].

Las vulneraciones de derechos que encontramos en este caso vienen producidas por lo que se consideran factores de desigualdad por cuestión de género. En el que también se verán involucrados otros factores como la clase.

Aquí atendiendo a los factores de desigualdad por cuestión de género nos encontramos con dos tipos, con los que son de tipo estructural y los que son de tipo coyuntural que, en su caso, se ven inducidos por los estructurales[172].

Los factores de tipo estructural se clasifican en: estereotipos de género, sobrecarga de responsabilidad doméstica y de cuidados, falta de reconocimiento de autoridad y prestigio para la representación y dirección, cultural empresarial y de organizaciones sexista y la ausencia de perspectiva de género de las políticas de empleo[173]. En este caso vemos que se cumplen todos y cada uno de estos factores, influidos o, si se prefiere, aumentados por la cuestión de clase y racial que atraviesa a cada una de las mujeres afectadas. Es por ello que se puede ver, aún con más claridad, el dinamismo con el que cuentan estos factores[174]. En la medida en que se ven todos aumentados, la situación de estas mujeres se ve más afectada, al tratarse de mujeres que no son del país, que no conocen el idioma y que se encuentran aisladas y alejadas de su familia.

Se entiende que existe en España un problema de efectividad de la tutela antidiscriminatoria[175], entendido esto en la situación de mujeres nacionales, pero todo ello agravado si las trabajadoras que se encuentran en territorio nacional son extranjeras, sin conocimiento del idioma y en situación de desprotección absoluta. Por tanto, los problemas sobre indemnización son más complejos, la implicación pública (concretamente el activismo de la actuación inspectora[176], más aún en el campo) hemos visto cómo es inexistente, así como también lo son las facilidades procesales.

No es hasta la redacción de 2023 del Convenio Colectivo cuando se incluye un protocolo de actuación ante estas situaciones. Donde debemos destacar que,

---

171. *Cf.* MARTÍNEZ, C. (2021) «El sabor amargo de los frutos rojos», pág. 4. Disponible en: https://www.uniovieso.es/aunas/el-sabor-amargo-de-los-frutos-rojos/

172. *Cf.* GONZÁLEZ DE PATTO, R. Mª. «Cuestiones básicas sobre las políticas de empleo y contratación de la mujer» en MOYA AMADOR, R. (Dir.) y SERRANO FALCÓN, C. (Coord.) (2016) op. Cit., pág. 76.

173. *Cf.* ALONSO CUERVO, I., BIENCINTO LÓPEZ, N. et. Al. (2014) *Los factores de desigualdad de género en el empleo. La transferencia de buenas prácticas para la igualdad de género en el empleo.* Del Grupo Temático Nacional de Igualdad de Oportunidades UAFSE. Estructura de Apoyo EQUAL-Eje 4, pág. 16.

174. *Cf. Ibid.*

175. *Cf.* BALLESTER PASTOR, M. A. «Del trabajo al trabajo de calidad: los nuevos retos de las políticas de empleo femenino» en MOYA AMADOR, R. (Dir.) y SERRANO FALCÓN, C. (Coord.) (2016) *op. Cit.,* pág. 115.

176. STS de 18 de julio de 2011.

en el artículo 36 del mismo, se establece el seguimiento y actuación en el caso de encontrarse ante una situación de acoso sexual.

Este artículo tiene un objetivo bifronte, por un lado, persigue el respeto y aseguramiento de los principios constitucionales (y derechos humanos) de dignidad e igualdad y, por otro lado, persigue la erradicación de las situaciones discriminatorias por razón de género.

Lo que se propone con ese protocolo es no tolerar las conductas ambientales y de intercambio que dan lugar a estas situaciones. Mediante formaciones del personal, la involucración de toda la plantilla mediante formaciones y el principio de corresponsabilidad de todos y todas las trabajadoras. Elaborando programas formativos e integrando a cualquier persona de nuevo ingreso, así como fomentando la difusión de los protocolos.

En el caso de que se produzca una situación de acoso sexual[177] se activa el procedimiento que, no olvidemos, es interno, y se inicia con la presentación de la denuncia de manera directa por la persona afectada o, de manera indirecta, por cualquiera de sus compañeros. Que se deberá instruir y resolver por las personas responsables de la empresa que cuentan con la obligación de actuar con sigilo, so pena de sanción.

Existen dos tipos de procedimientos, el previo para situaciones leves, en las que la situación se puede resolver de forma ágil y solicitando la modificación de actuaciones a la persona denunciada. Y, el procedimiento formal, que abre expediente informativo y se adopta la medida de separación de las personas involucradas, sin perjuicio de que esta medida se vea complementada por cualquier otra medida cautelar.

La instrucción que lleva a cabo este procedimiento finaliza con la elaboración de un informe que será vinculante para la decisión que tome la empresa respecto al denunciado, entre ellas, en caso de existencia de acoso: despido de la persona denunciada, apoyo psicológico para la persona que sufrió esta violencia, modificación de condiciones laborales, medidas de vigilancia, evaluación de riesgos psicosociales de la empresa, entre otras.

Además, otro detalle importante del protocolo, es que contará con un seguimiento anual del mismo, prohíbe expresamente cualquier tipo de represalias para las personas denunciantes o colaboradoras en denuncias de este tipo y es compatible con cualquier tipo de procedimiento administrativo, social, civil o penal paralelo.

Respecto a la vigencia del protocolo es indefinida y está abierta a las modificaciones e incorporaciones necesarias para la mejora.

Las situaciones que se destaparon a partir del 2018 hicieron que estas trabajadoras tomaran la agencia suficiente para llevar a cabo no solo la denuncia, sino también la mejora de su situación laboral. Un claro ejemplo de ello es la creación

---

177. Es la STC 224/1999, de 13 de diciembre, la que introduce la distinción entre el delito de acoso sexual del artículo 184 del Código Penal y el acoso sexual en el ámbito laboral del artículo 4, apartado segundo, letra e) del Estatuto de los Trabajadores.

de este protocolo en el interior de su propio convenio colectivo. Y debemos resaltar aquí que esto hubiera sido impensable sin su capacidad organizativa sindical.

Teniendo una imagen panorámica del caso en torno a esos siete ejes no quiere decir que *per se* esos ejes sean fallos jurídicos, sino que, dentro de los mismos se producen vulneraciones de Derecho. Analicemos ahora los fallos jurídicos que se producen en este caso.

2. FALLOS EN EL DERECHO

Las siete cuestiones, calificadas en el apartado anterior como ejes jurídicos, que ordenadas son: la contratación en origen, el tipo de contrato ofrecido que no se ajusta a la situación laboral (contrato de obra o servicio/contrato fijo discontinuo), discriminación administrativa, tiempo de prestación/jornada de trabajo y salarios, riesgos de protección para la salud y seguridad, la asistencia y protección social y abusos sexuales, recogen situaciones que calificaremos como fallos del Derecho.

Para el análisis de dichos fallos se clasificarán las distintas situaciones en los siguientes apartados: de la Representación, de la Redistribución y del Reconocimiento.

2.1. Representación. El lenguaje jurídico

Desde la TCD entendemos que el Derecho es lenguaje, pero no solo lenguaje, e intentamos ofrecer un soporte teórico lo suficientemente fuerte que soportara la inclusión de cualquier ejemplo práctico en él. Veamos si lo conseguimos.

Decimos entonces que la principal herramienta del lenguaje jurídico es el discurso jurídico y que éste tiene una base mitológica e ideológica. Por tanto, si un discurso jurídico no atiende a las trabajadoras a las que debería proteger es una cuestión de acción ideológica, en este caso del legislador que, consciente o inconscientemente ha dejado en el silencio a dichas trabajadoras.

Cuando atendemos a la cuestión de la representación jurídica, la explicamos como una relación jurídica en la que se producen una serie de situaciones calamitosas en el intento de construcción de un sujeto jurídico universal. Las corrientes crítico-jurídicas apuntan en diferentes direcciones pero en todas se distinguen dos tipos de sujetos y destacaremos a los sujetos situados.

Situar a las jornaleras de este caso nos hace remontarnos 25 años, año 2000, que es cuando las jornaleras marroquíes empiezan a contar con protagonismo en este trabajo. Sin embargo, sabemos que este modelo agrícola cuenta con muchos años más. Que en todo ese tiempo las jornaleras tuvieran que acogerse a un convenio general y no específico y no contasen con una normativa que protegiese sus intereses de manera específica es un acto ideológico que persigue que el discurso jurídico no solo no las proteja, sino que no las atienda, solo podía significar la no representación de estas mujeres. Es decir, que se construya un imaginario colectivo que las comprenda como «no-sujetos».

De ahí que, para que se dé esta acción de no protección por omisión en (y de) la norma se necesita de una Teoría del Derecho que asuma un sujeto jurídico universal y determinado, que deje fuera de su protección a todos los sujetos que no se acojan a esas características. Esto consigue que no solo el Derecho, sino también la sociedad, no cuenten con las mujeres, temporeras y migrantes en el imaginario colectivo como sujetos jurídicos, como acabamos de exponer.

El discurso jurídico es el creador del imaginario colectivo a la vez que es el elemento que canaliza las pretensiones representativas de los sujetos con poder (político y jurídico) frente al resto de sujetos, entendidos en las ocasiones en que no se les representa como no-sujetos. Pero en el discurso jurídico opera no solo la base ideológica, sino también la mitológica.

Para el estudio de la base mitológica, un buen punto de partida es la obra de Homero atendiendo a la crítica realizada desde la Escuela de Frankfurt a *La Odisea*.

En dicha obra lo que tenemos es una representación del sujeto femenino como un sujeto pasivo que se encuentra muy lejos de tener un papel activo en el ámbito laboral, que es el que aquí nos interesa. Si lo relacionamos con la acción ideológica y sabemos que una de las características con las que contaba el mito, seguimos a Barthes, es la de pretensión de pertenencia en el tiempo, lo que se pretende con esta imagen del sujeto femenino, o si se prefiere: no masculino, es una relegación fuera del ámbito laboral.

En la Odisea lo que encontramos es una mujer destinada al ámbito del hogar, y aquellos personajes femeninos que no se instalaban en el orden doméstico y de los cuidados eran representados como bárbaros y salvajes, con un exceso de poder que desborda los límites de lo femenino. En el caso del trabajo al que se dedican las jornaleras tiene mucho en común con esta representación, son mujeres contratadas, en primer lugar, porque son las únicas que se pueden dedicar a trabajos delicados como es el de recolección de frutos rojos. En segundo lugar, todas las circunstancias a las que se ven expuestas son circunstancias del ámbito doméstico, es decir, están completamente aisladas de la sociedad civil en la que se insertan que, no solo las chabolas en las que viven están lejos de los núcleos poblacionales, sino que tampoco tienen opción, durante muchos años, de entrar en contacto con organizaciones sindicales.

De tal forma que, con esta construcción del ideario colectivo, una de las conclusiones que podemos obtener es que los sujetos que no se ajusten al universal masculino no tendrán opción a la representación en el ámbito laboral. Esto quiere decir que no aparecerán en normativa laboral hasta que no lo consigan por méritos propios, entendidos estos como luchas colectivas.

Una segunda conclusión es que las mujeres que se inserten en el mercado laboral, necesitan de la categoría de nacionales para no verse envueltas en situaciones de penurias como las que acabamos de analizar.

Y, una tercera conclusión es que de acuerdo con esta representación jurídica de base mitológica, aquella mujer extranjera que se atreva a rebasar los límites propuestos jurídicamente a las mujeres trabajadoras extranjeras, se va a encontrar con dificultades que van mucho más allá de lo profesional. Invadirán sus aposentos domésticos como una especie de castigo por haber decidido a abandonarlos.

El ejemplo en este caso de la no representación en los discursos jurídicos lo encontramos en la normativa laboral relativa a las cuestiones de contratación y de dos modos claramente diferenciados.

En primer lugar, lo encontramos en la no existencia de un convenio colectivo para este sector laboral hasta 2018 cuando se realiza el ya citado Convenio Colectivo. Y, en segundo lugar, encontramos que no es hasta 2023 cuando se incluye el protocolo de actuación en caso de abusos sexuales.

A pesar de no contar con Convenio Colectivo, las propias disposiciones del ET ya vinculan a las JH con estas herramientas de protección. Un ejemplo es el caso del apartado tercero del artículo 16 cuando establece que será el convenio colectivo el que establezca los criterios objetivos y formales por los que se regirá el llamamiento de las personas fijas-discontinuas. De forma escrita y con la suficiente antelación. Sin embargo, debido a la falta de representación jurídica con la que cuentan estas trabajadoras, todo este apartado se ha visto vulnerado de manera continua.

Además, la elaboración del Convenio Colectivo no estuvo exento de problemas en la representación, vinculada directamente con la modalidad de contrato. Así tenemos que en su artículo 6, publicado en el Boletín Oficial de Huelva número 215, de 8 de noviembre de 2018, establece la contratación siguiendo el artículo 15 del ET en fijo, de temporada, interino y eventual.

Nos interesa aquí la figura de personal fijo discontinuo que, según dicho artículo, serán aquellas personas contratadas de acuerdo con lo establecido en el artículo 15 apartado octavo del ET o norma vigente en cada momento. Adquirirán esta condición el personal que preste sus servicios «para una misma empresa durante dos campañas consecutivas o tres alternas, con un promedio de 236 jornadas reales trabajadas en una misma empresa, siempre que no se produzca una interrupción de la relación laboral superior a quince días seguidos o 30 discontinuos». Mientras que el personal de temporada serán las contratas por un mismo empresario para una o varias operaciones agrarias o para períodos de tiempo determinados. Añadiendo, además, que las personas trabajadoras eventuales y temporeras, adquirirán la condición de fijos una vez transcurridos once meses de trabajo ininterrumpidos en la empresa, contados desde la fecha en que hubiesen comenzado la prestación de servicios a la misma. No se considerará que existe interrupción, cuando las soluciones de continuidad sean inferiores a quince días consecutivos.

Sin embargo, el Tribunal Superior de Justicia de Andalucía, Sala de lo Social, en la STSJA 345/2020, de 30 de enero, declara la nulidad del párrafo de este artículo donde se establecían las condiciones para considerarse trabajador fijo-discontinuo[178]. En ella, el TSJA entiende que dicho párrafo, a pesar de atender al art. 15 apartado 8 del ET, es contradictorio con el artículo 16 ET en el que se entiende que «el contrato por tiempo indefinido fijo-discontinuo se concertará para realizar trabajos que tengan el carácter de fijos-discontinuos y no se repitan en fechas ciertas, dentro del volumen normal de actividad de la empresa».

Y, añade, para más fundamento, que la doctrina de esa sala es constante entendiendo que el contrato indefinido de carácter discontinuo cuenta con la característica de que prima la reiteración de esa necesidad en el tiempo, aunque lo sea por períodos limitados, mientras que la contratación temporal será utilizada atendiendo a circunstancias excepcionales u ocasionales quedando fuera, de tal manera, de cualquier ciclo de reiteración regular.

El contrato fijo de carácter discontinuo cuenta con una necesidad de trabajo de carácter intermitente o cíclico. Añade de manera similar, que «la actividad de peón en la recolección de cítricos, [al igual que ocurre con este caso de las JH], responde a las necesidades normales y permanentes de la empresa durante la campaña agrícola de recolección de la fruta y no puede cubrirse a través del contrato eventual porque la misma no responde a necesidades extraordinarias por circunstancias de producción temporalmente limitadas, ni tampoco puede atenderse mediante contratos de obra o servicio determinados, porque no hay limitación temporal de la obra o servicio, sino reiteración en el tiempo de forma permanente de las tareas en determinados períodos que se repiten todos los años, aunque no en las mismas fechas».

En segundo lugar, la no representación de estas trabajadoras en los discursos jurídicos la encontramos cuando, a pesar de tratarse de trabajadoras que deberían estar protegidas por la legislación laboral estatal, garantizando así, al menos los mínimos exigibles en cualquier trabajo, se leen antes como mujeres extranjeras sin derechos. La elaboración mitológica, por seguir con la misma obra de ejemplo: la Odisea, lo que hace es relegar a las mujeres a lo privado y a los cuidados, de ahí que veamos que, por un lado a las mujeres jornaleras extranjeras no se las tenga con la agencia suficiente como para que se vea reflejado en el propio contrato que les realizan, como la necesidad de contratación de mujeres por cuestiones de delicadeza (y cuidados) vinculados al tipo de trabajo. Así lo vemos en los siguientes ejemplos:

Esta última modalidad de no representación se ve reforzada en los ejemplos de no reconocimiento que recogeremos a continuación, de ahí que se pueda interpretar que lo dicho para el no reconocimiento sirva, en ocasiones, a la no representación. Postura que refuerza la relación inseparable entre las tres dimensiones de la Teoría Crítica del Derecho.

---

178. Aquella que hacía referencia a «la prestación de servicios para una misma empresa durante dos campañas consecutivas o tres alternas, con un promedio de 236 jornadas reales trabajadas en una misma empresa, siempre que no se produzca una interrupción de la relación laboral superior a quince días seguidos o 30 discontinuos».

El no reconocimiento del sujeto jurídico pasivo viene a partir de su no representación, como acabamos de ver, y también teniendo en cuenta que estamos ante sujetos que solo son útiles en la medida en que permiten unos beneficios a los sujetos que ostentan el poder. Es decir, solo son útiles en la medida en que mantienen el sistema distributivo tal y como está. Estos sujetos se comprenden, principalmente, como sujetos débiles y extranjeros. El resto de características o bien se invisibilizan o no se tienen en cuenta, a excepción de las situaciones de abusos sexuales.

Esta no representación nos hace ser conscientes del segundo objetivo, el del no reconocimiento de dichos sujetos también por parte del ordenamiento jurídico para, conseguir, finalmente el objetivo final: la no redistribución. Vayamos ahora, por tanto, a abordar la cuestión del reconocimiento en este caso.

2.2. Reconocimiento. La construcción del sujeto jurídico: mujer migrante trabajadora

Partimos de la distinción de dos tipos de sujetos en la relación jurídica. Por un lado, el sujeto activo y capaz de ofrecer Reconocimiento, Representación y, como objetivo final, también la Redistribución. Por otro lado, el sujeto pasivo que lucha tanto por el reconocimiento, como por la representación del ordenamiento jurídico, como, en última instancia, por la redistribución.

En la medida en que no reconozcamos a la parte contratada como sujeto jurídico se producirán abusos en las relaciones jurídicas como las que hemos visto y se recogen a continuación.

En primer lugar, tenemos que no se reconoce el trabajo que realizan las JH en la medida en que se intenta falsear la modalidad contractual laboral en la que se deben incluir. Las normas vulneradas en este no reconocimiento jurídico son el artículo 15.1 del ET respecto a la duración del contrato de trabajo que estipula que para que un contrato sea de duración determinada se tiene que ajustar a una causa determinada de temporalidad. En relación con el artículo 16 del ET, que regula el contrato de tipo fijo-discontinuo como aquel que se concertará para trabajos de naturaleza estacional y que debe ser formalizado por escrito reflejando los elementos esenciales de la actividad laboral. No ajustarse a Derecho, en este caso, es una falta de reconocimiento subjetiva.

El segundo de los ejemplos más claros del no reconocimiento de estas trabajadoras es que se produce no solo la objetivización de las personas como meras productoras, haciendo alusión directa a la cosificación lukasiana. Sino que también en el caso de las mujeres esto se lleva al extremo en la medida en que se procede a una especie de deshumanización que da lugar, en última instancia, a casos de abusos sexuales.

A pesar de la atención mediática que tienen las JH en el año 2018, «ninguna administración ha terminado con los abusos ni ha contribuido a la mejora de sus condiciones de vida o trabajo»[179] nos advierte el Informe Jurídico. Esto nos hace ver que esta situación de desconsideración judicial hace que se complique aún más la situación de las JH. Sabemos que el último paso del no reconocimiento de estas trabajadoras da lugar a situaciones que propician los abusos sexuales.

Respecto de la contratación en origen, el informe nos recuerda que «desde el año 2006, esta contratación se realiza en Marruecos (...) [y el] objetivo principal de estos requisitos [de contratación] es que se garantice el regreso tras la campaña y que no pretendan continuar viviendo y trabajando en Europa una vez que ya no son necesarias»[180]. Vemos que se repiten las conclusiones que ya apuntábamos con anterioridad: a pesar de tratarse de un proyecto de control de flujos migratorios y de migración ordenada, lo que se realiza es la utilización de mano de obra precaria que debe ser devuelta a su país de origen una vez que dejan de ser de utilidad. Esta utilización de una población determinada es una acción de no reconocimiento jurídico, nuevamente un no reconocimiento como iguales.

También es claro el Informe Jurídico respecto a la vulneración de derechos laborales básicos y de derechos fundamentales como la dignidad, la integridad física y moral y los derechos de reunión y libertad sindical[181]. Todo ello producto del no reconocimiento de estas trabajadoras.

En lo que respecta a los casos de abuso sexual, nos encontramos ante un problema social que en los últimos tiempos se le presta más atención debido a la importancia que se le viene otorgando[182] desde la propia sociedad.

La normativa internacional no respetada aquí es el Convenio 190 de la OIT sobre acoso y violencia en el ámbito laboral, de 2019, donde las expresiones violencia y acoso en el mundo del trabajo «designa[n] un conjunto de comportamientos y prácticas inaceptables, o de amenazas de tales comportamientos y prácticas, ya sea que se manifiesten una sola vez o de manera repetida, que tengan por objeto, que causen o sean susceptibles de causar, un daño físico, psicológico, sexual o económico, e incluye la violencia y el acoso por razón de género [que] designa la violencia y el acoso que van dirigidos contra las personas por razón de su sexo o género, o que afectan de manera desproporcionada a personas de un sexo o género determinado, e incluye el acoso sexual»[183].

La Directiva 2006/54/CE del Parlamento Europeo y del Consejo, de 5 julio de 2006, relativa a la aplicación del principio de igualdad de oportunidades e igualdad de trato entre hombres y mujeres en asuntos de empleo y ocupación donde se recoge el acoso sexual como la situación en que se produce cualquier comportamiento verbal, no verbal o físico no deseado de índole sexual con el propósito

---

179. FILIGRANA, P., LALANA, B. et al. (2021) *op. cit.*, pág. 5.

180. *Ibíd.*, pág. 6.

181. *Cf. Ibíd.*, pág. 9.

182. *Cf.* GONZÁLEZ COBELDA, E. «El acoso sexual desde la salud laboral: reflexiones a partir de los convenios colectivos suscritos en Andalucía» en MOYA AMADOR, R. (Dir.) y SERRANO FALCÓN, C. (Coord.) (2016) *op. Cit.*, pág. 563.

183. Art. 1. Convenio 190 OIT.

o el efecto de atentar contra la dignidad de una persona, en particular cuando se crea un entorno intimidatorio, hostil, degradante, humillante u ofensivo. Unida al Acuerdo Marco Europeo sobre acoso y violencia en el Trabajo y también encontramos el Código Práctico encaminado a combatir el acoso sexual en el trabajo.

En la normativa estatal nos encontramos violación de la Constitución[184], la LO 3/2007, para la igualdad efectiva de mujeres y hombres[185], el ET[186], el Código Penal[187], la Ley 31/1995, de 8 de noviembre, de prevención de riesgos laborales[188], el Convenio Colectivo[189].

El tercer ejemplo de la falta de reconocimiento de estas trabajadoras lo encontramos en la discriminación administrativa a la que se ven expuestas desde el inicio del proceso de selección para su contratación.

La normativa que se ve vulnerada en este caso es, en primer lugar, con respecto a la desinformación de las condiciones contractuales laborales: el ET[190], el Real Decreto Legislativo 2/2015, de 23 de octubre, por el que se aprueba el texto refundido de la Ley de Empleo: no discriminación[191] y la Orden ISM/1289/2020, por la que se regula la gestión colectiva de contrataciones en origen para 2021[192].

El cuarto ejemplo de falta de reconocimiento es la trata de personas donde se vulneran: la Convención de Varsovia del Consejo de Europa sobre la trata de seres humanos, de 16 de mayo de 2005[193] y el Protocolo de Palermo, para prevenir, reprimir y sancionar la trata de personas, especialmente mujeres y niños, que complementa la convención de las Naciones Unidas contra la delincuencia organizada transnacional[194].

---

184. Artículos 10.1, 14 y 15.
185. Artículos 7.4 y 27.3 c).
186. Artículos 4.2 a), c), d), e), 54.2 g).
187. Artículos 173 y 184.
188. Arts. 4.7. d), 14, 15.1 g) y 25.1.
189. Faltas muy graves acoso sexual en el trabajo: art. 33 l), así como el art. 36 en el que se recoge el Protocolo para la prevención y actuación en los casos de acoso sexual y por razón de género.
190. Artículo 8 en los apartados 1, 2, 4 y 5, art. 4.2 c) y 17.
191. Los arts. 2 a), 34.1, 35.1, 37.1 d).
192. Artículo 3 en apartados 1 b), 2 y arts. 9 y 10.
193. En su artículo artículo 4 letra a) que expone que se entiende como trata de personas «el reclutamiento, transporte, transferencia, alojamiento o recepción de personas, recurriendo a la amenaza o uso de la fuerza u otras formas de coerción, el secuestro, fraude, engaño, abuso de autoridad o de otra situación de vulnerabilidad, o el ofrecimiento o aceptación de pagos o ventajas para obtener el consentimiento de una persona que tenga autoridad sobre otra, con vistas a su explotación. La explotación comprenderá, como mínimo, la explotación de la prostitución de otras personas u otras formas de explotación sexual, el trabajo o los servicios forzados, la esclavitud o las prácticas análogas a la esclavitud, la servidumbre o la extirpación de órganos».
194. Cuya protección a las víctimas se centra en la asistencia administrativa en el procedimiento judicial y asistencia destinada a la recuperación física, psicológica y social de las víctimas mediante el suministro de alojamiento adecuado, asesoramiento e información, asistencia médica, psicológica y material, oportunidades de empleo, educación y capacitación y cada Estado preverá la seguridad física de las víctimas (Art. 6).

El quinto ejemplo de la falta de reconocimiento de las JH es el relativo a la no asistencia en caso de necesidad por motivos de salud y la (des)protección social. Así, nos encontramos con que la normativa que se vulnera es el Decreto 2766/1967, de 16 de noviembre, por el que se dictan normas sobre prestaciones de asistencia sanitaria y ordenación de los servicios médicos en el Régimen General de la Seguridad Social.

De igual forma también se vulnera la Constitución[195] y el Convenio 97 OIT, relativo a los trabajadores inmigrantes complementado por Recomendación núm. 151 sobre los Trabajadores inmigrantes.

En el Informe Jurídico se ofrece una normativa que se incumple de manera transversal en la que se alude a la Declaración Universal de los Derechos Humanos, la Convención de Naciones Unidas sobre la eliminación de todas las formas de discriminación contra la mujer, los Pactos de Naciones Unidas de Derechos Civiles y Políticos y sobre Derechos Económicos, Sociales y Culturales de 1966, el Convenio Europeo de los Derechos Humanos y de las Libertades Fundamentales y la Ley Orgánica 4/2000, de 11 de enero, sobre derechos y libertades de los extranjeros en España[196].

El quinto, y último, ejemplo que muestra un supuesto de no reconocimiento es la relativa a las condiciones insalubres en las que viven y las condiciones pésimas de salud a las que se ven expuestas estas trabajadoras. Aquí se vuelve a vulnerar el artículo 3. 2 b) de la Orden ISM/1289/2020[197].

La vulneración sistemática de la dignidad humana que se produce en el caso de las JH nos puede hacer pensar que la propia dignidad humana es el fundamento del derecho a la igualdad de la mujer, considerada esta igualdad como una de las características básicas del ser humano[198].

Aquí precisamos realizar una anotación que sirva para cerrar este apartado, que es la relativa a que cualquier vulneración de derechos recogidos en las distintas normativas existentes, constituyen una falta de reconocimiento absoluto a las personas que ven vulnerados sus derechos. De tal forma que las cuestiones que veíamos como falta de representación, también constituyen, por acumulación, falta de reconocimiento jurídico. Así lo entendíamos en la construcción teórica sobre la teoría del reconocimiento en la que incluimos dentro de la misma la cuestión de la representación y así lo entendemos aquí, a la hora de aplicar esa teoría.

Lo mismo sucede con la cuestión de la justicia redistributiva, o la redistribución, se entiende incluida dentro del reconocimiento y cualquier falta a la redistribución supone una falta de reconocimiento de subjetividad jurídica. O, si se prefiere, cualquier falta de reconocimiento de la subjetividad jurídica supone una falta de redistribución.

---

195. En sus artículos 15, 41 y 43.

196. *Cf.* FILIGRANA, P., LALANA, B. et al. (2021) *op. Cit.*, pág. 34.

197. En su artículo 3.2 b).

198. Seguimos aquí la idea de CASAS BAAMONDE, E. en MOYA AMADOR, R. (Dir.) y SERRANO FALCÓN, C. (Coord.) (2016) *op. Cit.,* pág. 52.

2.3. Redistribución. El principio neoliberal como principio de validez del ordenamiento jurídico

Respecto de la redistribución, las dos cuestiones anteriores, representación y reconocimiento, apuntan a ella.

La falta de representación persigue la no redistribución de la riqueza y así, al no tener en cuenta ciertos sujetos (en este caso personas entendidas como «no-sujetos»), se consigue continuar con la dinámica que hemos explicado del sistema neoliberal.

Los sujetos que más aportan a la producción material son los sujetos no reconocidos, de tal forma que al reconocer solamente a los sujetos que ostentan el poder capitalista, se consigue que solo se reconozca al grupo minoritario que posee la riqueza. Como si estos no necesitasen de los sujetos no reconocidos para producir y acumular riqueza. Lo que no se reconoce, como ocurría con lo que no se contaba, no existe. Y, al no existir, no se tiene que realizar la redistribución de la misma.

La cuestión que vertebra en este caso la problemática de la redistribución es la relativa a la contratación en origen. En ella podremos ver las intenciones materiales de la misma. Aquí la consideraremos como la primera cuestión ejemplificadora de la necesidad de justicia redistributiva.

Las condiciones laborales a las que se ven sometidas las jornaleras, siguiendo a Castillero Quesada que las iguala a las mujeres que ocupan los sectores laborales básicos, siguen careciendo de garantías socio-vitales básicas[199]. La idea que nos gustaría rescatar de esta autora es la similitud existente entre la explotación de la naturaleza y de las mujeres que explicita a partir de las teorías ecofeministas, «el mercado sostiene el dualismo antropocéntrico de la cultura moderna en la que la realidad se ordena mediante dicotomías jerárquicas»[200]. De tal manera que el caso de las JH es el caso prototípico de esta idea ya que, aunque ya existieran otros territorios donde se llevara a cabo la contratación en origen, es en Huelva donde los contratos se realizan solo a mujeres[201]. Esta idea nos permite conectar con la crítica propuesta en este trabajo: un análisis crítico, como mínimo tiene en cuenta dos categorías involucradas. En este caso, tenemos género, clase, raza y pertenencia al ámbito laboral jornalero.

Hablar de cuestiones jurídicas que afectan a mujeres es hablar, necesaria e ineludiblemente, de cuestiones de redistribución.

Para comprender el relato del capitalismo debemos atender a sus relatos subyacentes, siguiendo con la terminología de Fraser, de la reproducción social, la ecología y el poder político. Es decir, eso nos obliga a conectar la cuestión teórica marxista, con la feminista y con la ecológica y política. Teniendo presen-

---

199. *Cf.* CASTILLERO QUESADA, S. (2022) *Las sin tierra: rompiendo el mito de la musa andaluza.* Córdoba: Almuzara, pág. 46.

200. *Ibid.,* pág. 58.

201. *Cf. Ibid.,* pág. 59.

te, por tanto, que el capitalismo es más que economía[202]. Debido a que toda la producción que realiza la mujer, bien desde el ámbito meramente privado, bien desde el ámbito público, es parte esencial e invisibilizada del funcionamiento del sistema económico. Es esa invisibilización la que permite relegarla un lugar subordinado en el que no se piense en plantear su lugar respecto a la redistribución.

Y siguiendo con Fraser, aquí tenemos un ejemplo perfectamente adecuable a la idea de esta autora cuando nos advierte que «la sociedad capitalista alberga al menos tres contradicciones intersectoriales, que corresponden a tendencias a la crisis: la socio-reproductiva, la política y la ecológica»[203]. Precisamente esa triple crisis es la que venimos apreciando en el cuerpo de las JH a lo largo de todo este análisis.

Se persigue el objetivo de migración controlada, pero el resultado que se obtiene es la invisibilización de los abusos a los que se exponen estas trabajadoras. El modo de vida de estas mujeres una vez que llegan a territorio español pone al descubierto que lo que se consigue es una situación que permite el abuso tanto laboral como sexual dentro de la situación de invisibilidad en el que se encuentran.

Este objetivo de la migración controlada es el fundamento de la distinción por parte de los Estados entre inmigración legal e ilegal[204]. Sabemos que la inmigración suele ser un problema para los Estados, al menos para los Estados que no están mal posicionados en el ránking de desarrollo[205]. De ahí que, en la medida en que no se pueden obtener beneficios de la inmigración, esta es un problema. Mientras que, siguiendo las palabras de Montoya Melgar, la inmigración «constituye un bien cuando se ajusta a las previsiones y necesidades del país de recepción, expresadas formalmente a través del correspondiente marco normativo»[206].

---

202. *Cf.* FRASER, N. (2020) *op. cit.*, pág. 26.

203. *Ibid.,* pág. 61.

204. A la primera se protege y contra la segunda se lucha, siguiendo la idea de MONTOYA MELGAR, I. (2007) *El Empleo Ilegal de Inmigrantes*. Navarra: Thomson Civitas, Cuadernos Civitas, pág. 22.

205. En este sentido es interesante la distinción que propone Olarte entre países ricos frente a países pobre para enfatizar también esta idea, en sus propias palabras: «[e]l fenómeno inmigratorio en un contexto de globalización avanzada y profunda separación entre países ricos-países pobres, se presenta como un fenómeno netamente económico, en el que las decisiones políticas están inspiradas en «razones de mercado», de forma que la universalidad de derechos proclamada en los textos internacionales queda cada vez más lejos de la realidad». OLARTE, S. (2008) *Políticas de Empleo y Colectivos con Especiales Dificultades. La «Subjetivación» de las Políticas Activas de Empleo*. Navarra: Thomson Aranzadi, pág. 225.

206. MONTOYA MELGAR, I. (2007) *op. Cit.,* pág. 14. El propio autor reconoce el valor económico con el que cuenta la inmigración, aunque lo realiza de manera previa a la alusión al crecimiento incesante y preocupante de la misma. *Ibid.,* pág. 18.

Podemos pensar que dichas previsiones son las que producen beneficios económicos, como es el caso de las JH, quienes tienen que firmar volver a sus lugares de origen una vez que dejen de producir beneficio.

Otro aspecto a tener en cuenta para ofrecer una fundamentación sobre la importancia de la cuestión de la redistribución en este caso es que en los casos en que las trabajadoras no terminaban su periodo de prueba eran despedidas antes del fin de la campaña en la época de pandemia. Las empresas no posibilitaban el regreso a su país debido al cierre de fronteras, tampoco se hacían cargo del alojamiento de las trabajadoras, y no atendían a los gastos de manutención, dejándolas en una situación de desprotección absoluta. En esos casos las mujeres tuvieron que acudir a entidades sociales que les ayudasen a sobrevivir los meses que tardó en realizarse su retorno[207]. Y, como ya sabemos, eso está regulado como obligación del empleador.

Vemos cómo a la luz del análisis de la situación de las JH seguimos comprobando que se trata de una situación en la que se ponen de manifiesto y se desvelan las relaciones de poder existentes en el ámbito laboral de estas mujeres. De igual manera, que seguimos comprobando que se trata de sujetos jurídicos a los que les falta reconocimiento. Que, en última instancia se manifiesta ante la falta de justicia redistributiva.

Bajo la presunción de un favorecimiento económico de zonas de bajos ingresos económicos marroquíes se deja de contratar a ciudadanas del Este de Europa para contratar a ciudadanas del norte del continente africano. Cuando lo que de verdad esconde esta variación en las preferencias por el lugar de origen de las mujeres contratadas es una mano de obra más barata. No está de más recordar que las mujeres del Este son las mujeres sustitutas de las mujeres andaluzas que, al inicio de la implantación de este modelo de agricultura se dedicaban a estas labores. Una vez que tuvieron opción a sindicarse y exigir mejores salarios y, principalmente, tuvieron opción a mejores trabajos, es cuando los empresarios tienen que acudir a mano de obra extranjera[208]. Otra muestra más de la necesidad de unir la cuestión de género con la necesidad de producir beneficios.

El último fin de incumplimiento de esta normativa es el de no dejar opción a las trabajadoras a ningún tipo de acceso a la justicia redistributiva. Y eso se asegura mediante las garantías de este tipo de relación contractual.

La segunda cuestión ejemplificante del abuso de poder respecto a las condiciones materiales de estas trabajadoras es la relativa al (des)ajuste de la jornada laboral, de las condiciones de trabajo y de los salarios.

Respecto a las garantías para los trabajadores, tenemos vulneración, de nuevo de la Orden ISM/1289/2929, de 28 de diciembre, por la que se regula la gestión colectiva de contrataciones en origen para 2021[209].

---

207. *Cf.* FILIGRANA, P., LALANA, B. et al. (2021) *op. cit.,* pág. 33.

208. Para un estudio detallado de este tema acúdase a los primeros capítulos de la obra citada de Reigada. REIGADA, A. (2023) *op. cit.*

209. Artículo 3 en el que se establece que que «1. A los efectos de ser autorizados para la contratación de trabajadores extranjeros con base en lo previsto en esta orden, los empleadores

Además, otras pruebas son el incumplimiento del Convenio respecto a las garantías que deben ofrecer los empleadores al contratar, las horas extraordinarias, la suspensión del trabajo, la indemnización por camino y el recibo de salario. Así como la vulneración, de nuevo, de la Constitución[210] y del Estatuto de los Trabajadores[211].

Atendiendo a la normativa internacional: Directiva 2003/88/CE del Parlamento Europeo y del Consejo de 4 de noviembre de 2003 relativa a determinados aspectos del tiempo de trabajo en materia de seguridad y salud en el trabajo[212]. También Directiva 1999/70/CE del Consejo, de 28 de junio de 1999, relativa al Acuerdo marco de la CES, la UNICE y el CEEP sobre el trabajo de duración determinada. Carta Social Europea: principio de suficiencia salarial y posibilidad de que el salario permita mantener un nivel de vida decoroso. Convenio 95 OIT, relativo a la protección del salario, suscrito el 1 de julio de 1949 y ratificado por España el 12 de junio de 1958.

Respecto al tipo de alojamiento, es uno de los aspectos más sangrantes del caso. Ya vimos cómo los empleadores, en muchas ocasiones, les venden los palés y cartones para que ellas mismas se fabriquen la chabola donde malviven durante la temporada. La vulneración normativa la encontramos en el artículo 13 del

---

deberán garantizar a los trabajadores contratados las siguientes condiciones: a) La actividad continuada durante la vigencia de la autorización solicitada. En el sector agrario se considerará continuada la actividad que no sea inferior a un 75% del tiempo de trabajo habitual en el sector, por lo que el número de jornadas y/o horas de trabajo cotizadas en relación con un trabajador se corresponderá con este límite mínimo. El cumplimiento de esta garantía por el empleador podrá ser objeto de verificación por la Administración durante todo el periodo de vigencia de la autorización concedida». Artículos 7, «Jornada de trabajo.- La Jornada laboral efectiva queda fijada en 39 horas semanales. Cuando las circunstancias estacionales o de campaña determinen la necesidad de intensificar el trabajo o concentrarlo en determinadas fechas o periodos, la jornada ordinaria podrá ampliarse hasta un máximo de 10 horas semanales de trabajo efectivo, sin que la jornada diaria pueda exceder un máximo de 9 horas de trabajo efectivo. Esta distribución se regularizará bimensualmente y, en todo caso deberá quedar compensada durante la vigencia de la relación laboral, de modo que al final de la misma se cumpla la jornada máxima establecida en el presente Convenio.

En todo caso, la empresa podrá distribuir irregularmente el 10% de la jornada anual de trabajo.

[Se regulan los descansos según el tipo de producto trabajado] El resto del año el descanso semanal coincidirá en domingo. Si por cualquier razón hubiera que trabajar en domingo o festivo el trabajador o la trabajadora percibirán su jornada normal más el 50%.

La Jornada Intensiva se establece entre el 1 de junio y el 31 de agosto, siempre que los trabajos lo permitan. En dicha jornada, se establece un periodo de bocadillo de 30 minutos ininterrumpidos, siendo 15 minutos por cuenta de la empresa y otros 15 minutos por cuenta del trabajador y de la trabajadora. También se podrá prorratear el valor de los 15 minutos correspondientes a la empresa si de común acuerdo lo pactan la empresa y representantes de los trabajadores y trabajadoras (...)». Artículo 8 (horas extraordinarias), artículo 11 (suspensión del trabajo), artículo 12 (indemnización por camino y 21 (recibo de salario).

210. Artículo 35.

211. Artículos 4.1 a), 4.2 e), 21.1, 30, 34, 35, 37 y 41.

212. Artículos 3, 4, 5, 6 y en su caso, 13.

Convenio Colectivo de los trabajadores del campo de Huelva[213]. Aquí ya no hablamos solo de una injusticia redistributiva sino que esta va acompañada de una vulneración terrorífica de los derechos de estas trabajadoras en lo que debería ser su domicilio y lugar de descanso, es decir, fuera de su lugar de trabajo.

Las conclusiones que obtenemos de toda esta exposición las plantearemos junto con las posibles vías de solución al caso.

---

213. En su artículo 13: «Cuando las empresas faciliten alojamiento a sus trabajadores/as, estos serán gratuitos, no descontándose alquiler alguno al trabajador/a, principalmente en los casos en que se produce inmigración de trabajadores/as con motivo de recogida de cosecha, inexcusablemente, deberán reunir los requisitos adecuados de sanidad e higiene exigidos por la legislación vigente, para que las personas trabajadoras puedan habitar en ellos de una forma digna, y en todo caso, reunir como mínimo, las condiciones de habitabilidad establecidas por el Ministerio de Obras Públicas y Urbanismo. También instarán a la Junta de Andalucía, la construcción de viviendas y Locales Sociales, en los lugares donde se produce inmigración de mano de obra, con la finalidad de que puedan ser habitadas por las referidas personas trabajadoras».

Capítulo tercero: las vías de solución desde la crítica jurídica

> *Y no se trata de fuerza,*
> *sino de entender que nada desquicia más*
> *que no saber qué hacer con la tragedia ajena:*
> *nada produce más violencia.*
> Leila Guerriero.

Venimos insistiendo en que el Derecho es lenguaje y en que, a partir de la acción de la ideología y mitológica, ese lenguaje erige unos sujetos sobre otros.

Este caso es un ejemplo de lo que sucede debido a aquellos silencios mitológicos en los que se encuentran estos sujetos invisibilizados. Los sujetos invisibilizados, no considerados sujetos, no tienen agencia ni para luchar por su representación, ni para luchar por su reconocimiento jurídico. En esos silencios mitológicos es donde encuentra el poder y el impulso de la acción ideológica del lenguaje jurídico.

La Teoría Crítica del Derecho trata de conocer y reconocer los márgenes, pero también de ofrecer soluciones para esos sujetos que se ven relegados de la protección adecuada.

Hemos visto cómo, a pesar de no contar con el Convenio Colectivo hasta tiempos recientes, contábamos con normativa suficiente para poder otorgar una defensa de los derechos de estas trabajadoras. Sin embargo, al producirse una situación de falta de representación jurídica, de no reconocimiento jurídico y de nula justicia redistributiva, la indeterminación jurídica no jugó a favor de las JH.

Respecto a la representación jurídica lo que se propone es que se realice una modificación en el discurso jurídico. Esto viene de la mano de la lucha por el Derecho que han realizado estas trabajadoras, en la medida en que consiguieron la agencia suficiente, han podido no solo verse representadas jurídicamente mediante la obtención de su convenio colectivo, sino que también esta representación ha conseguido el reconocimiento de las propias JH como sujetos jurídicos.

La representación tras la que andamos debe incluir a todos los tipos de sujetos jurídicos involucrados.

Así, si los mecanismos para la protección de los sujetos jurídicos no atienden a las personas que sufren discriminación interseccional, lo que tenemos son continuos ejemplos de la falta de reconocimiento jurídico.

Por otra parte, la inclusión de estas personas se conseguirá si eludimos la trampa en la construcción de ciertos imaginarios colectivos. Esto tiene que ver con la indeterminación jurídica que venimos tratando. En efecto, debemos evitar que el Derecho imponga trampas normativas que luego él mismo «soluciona», pero a costa de la desprotección de los derechos de ciertos grupos de personas. En la medida en que existan grupos de personas invisibilizados en nuestros ordenamientos jurídicos es difícil otorgarles la suficiente protección, en cambio, si se vuelven visibles, entran en el imaginario colectivo y en el discurso jurídico, y no solo se verán representados, sino que también se verán reconocidos.

Para explicar esto necesitamos volver a la idea del inicio en la que exponíamos que este modelo agrícola era la implantación del modelo agrícola californiano o «revolución verde». Bien, con la implantación de modelos anacrónicos lo que se pretende es la proyección en el imaginario colectivo de un paradigma del desarrollo determinado. Seguimos aquí, de nuevo, a Reigada, quien nos explicaba que asistimos a un proceso invertido, en el siglo XIX (segunda mitad) en la agricultura californiana se especializaban en cultivos mediterráneos, mientras que en el siglo XX es en el Mediterráneo donde se implantan cultivos californianos. Proceso este que afecta al imaginario simbólico que perpetúa la idea del modelo californiano, con sus valores sobre la agricultura industrial, como un paradigma de desarrollo social y cultural. ¿Quién va a cuestionar la «revolución verde»?[214] Especialmente cuando dicha «revolución» se apoya en discursos que dicen que trae solo cuestiones positivas como son la racionalidad, la modernidad, el progreso, el crecimiento y la riqueza, entre otras[215] es difícil atender a la trampa que presenta.

Así las cosas, mediante significados que inyectan positividad en la comunidad donde se insertan estos modelos, y aludiendo directamente a racionalidad,

---

214. Un artículo que recoge bien la deriva de esta «revolución» agrícola a propósito de las revueltas realizadas por los propietarios de tierras en febrero de 2024 en el sur de Europa es el realizado por Enric Bonet en *El Salto*, el pasado 6 de febrero de 2024. Disponible en: https://www.elsaltodiario.com/agricultura/malestar-europeo-del-campo-evidencia-incoherencias-del-neoliberalismo-verde En este mismo sentido se pronunciaba Capella cuando exponía que «la lógica ciega del capitalismo productivista sacrifica poblaciones y destruye a generaciones enteras de seres humanos (...) la problemática ecológica hace imposible seguir produciendo como hasta ahora y también que todo el mundo viva como hasta ahora ha vivido el «Norte». CAPELLA, J. R. (1996) *Grandes esperanzas. Ensayos de análisis político.* Madrid: Trotta, pág. 114. Palabras de finales del siglo pasado pero más vigentes que nunca.

215. *Cf.* REIGADA, A. (2023) *op. cit.*, pág. 45.

productividad, riqueza y modernidad, el imaginario colectivo cae en la batalla de la representación. Representación no solo viciada sino trampeada y antagónica completamente a la realidad que construye.

En lo que atañe al reconocimiento jurídico la principal propuesta crítica con esta construcción del imaginario colectivo es la inclusión de estos sujetos en las relaciones jurídicas mediante las construcciones teóricas críticas que comprendían al sujeto de reconocimiento como un sujeto fuerte, económico y de manera interseccional.

Estamos haciendo referencia a las construcciones teóricas de género principalmente. En la medida en que comprendamos al sujeto pasivo del reconocimiento como un sujeto fuerte, económico y atravesado por múltiples categorías discriminatorias, seremos capaces de captar la verdadera significación de la implantación de la «revolución verde».

Mediante la construcción de un sujeto jurídico universal que no atiende a estas cuestiones comprendemos varias situaciones que en este caso son importantes.

La primera de ellas es que para la construcción de un sujeto jurídico universal se necesita de, al menos, otro sujeto jurídico que se comprenda como subordinado al primero y que, debido a esa subordinación pierda la oportunidad de calificarse como sujeto jurídico, de ahí que en muchas ocasiones lo cataloguemos como no-sujeto, o como sujeto no jurídico. Bien, esta subordinación se hace siguiendo las líneas establecidas por el sistema sexo-género.

La segunda cuestión es la de la construcción de los sujetos subordinados por medio del discurso. Existe una corriente del pensamiento feminista que estudia la construcción de los sujetos femeninos a partir del lenguaje y que, entre otras conclusiones, llegan a una que es el carácter de la performatividad del género. Dicho carácter lo conecto directamente con la cuestión de la interseccionalidad ya que el género va a afectar a las cuestiones de clase elevando la discriminación sufrida por ambas categorías.

Aquí es donde rescatamos la idea de que no entendíamos las cuestiones culturales de manera diferenciada a las materiales. Toda la idiosincrasia que lleva aparejada el sujeto de las JH se debe comprender de manera unitaria. Ninguna es más importante que otras, aunque alguna de ellas actúe de una manera más llamativa que otras.

Aquí tenemos a mujeres jóvenes y de mediana edad, que proceden de lugares rurales de Marruecos, que tienen familia a su cargo, que no comprenden el idioma castellano porque son extranjeras en el lugar al que vienen a trabajar, que son pobres y que trabajan realizando un trabajo físico verdaderamente duro. De todas estas características podemos afirmar, a través de todo este análisis, que puede que sea la pobreza la que se impone a las demás, sin embargo si analizamos el caso simplemente desde la óptica de que son personas pobres, ese análisis sería incompleto. De la misma manera que si realizásemos el análisis imponiendo el carácter extranjero frente a los demás, sería un análisis viciado e incluso tramposo. De ahí la dificultad de la construcción de este ejemplo.

Por todo ello destacamos de nuevo la necesidad y la utilidad de atender a esas corrientes críticas que son capaces de abarcar diversas categorías.

En un mismo cuerpo encontramos un sujeto económico, un sujeto sexuado (y sexualizado), un sujeto subordinado, un sujeto extranjero, un sujeto sin muchos derechos básicos. Es decir, mediante la acción de discriminación interseccional que se produce en ese cuerpo este se convierte en un no-sujeto.

La «biopolítica», es decir, la técnica política que ejerce el control y el poder en los cuerpos mediante la modificación de los medios de representación y de reconocimiento, actúa, precisamente, en esos cuerpos. Solo desde el prisma de la biopolítica podemos comprender la presión que se ejerce sobre estos cuerpos y comprendemos la productividad que obtiene el sistema de ejercer dicha presión.

La última cuestión es la comprensión de estos sujetos en búsqueda de reconocimiento como sujetos productores de riqueza, beneficios, y que simplemente se atenderá hacia ellos de manera positiva si están produciendo beneficios al sistema. Es decir, la última característica de estos sujetos es su carácter económico, de ahí la necesidad de atender a la cuestión de la justicia redistributiva.

Comprobamos una vez más cómo es la teoría crítica del reconocimiento la que engloba todas las cuestiones de redistribución y de representación en el plano teórico.

La redistribución se puede conseguir mediante un cambio profundo y estructural del sistema económico. Las propuestas en este sentido pasan por la superación del sistema neoliberal y creación de un nuevo sistema que centre su atención y cuidados en las personas reales y no en un concepto único de sujeto jurídico privilegiado frente a todos los demás «no-sujetos». Lo que exige reconstruir una nueva teoría económica más humana y satisfactoria.

Llevar a la práctica desde la realidad la labor deconstructiva y reconstructiva propia la Teoría Crítica del Derecho es uno de los principales objetivos de este trabajo. Porque se trata de promover una transformación estructural y conceptual del modelo establecido. Es decir, una transformación radical. Radical por su extensión. Y radical porque alcance la raíz conceptual del entramado normativo existente que siempre va de la mano de la transformación práctica.

En este punto tenemos que la revuelta de los intereses frente a los conceptos del segundo Jhering nos sirve de prolegómeno.

En la evolución del pensamiento de Jhering encontramos una base fundamentadora interesante. Tenemos que el primer Jhering construye la «jurisprudencia de conceptos» en la que las relaciones jurídicas se reducen a formas conceptuales[216]

---

216. Las bases teóricas de esta corriente la encontramos en *El Espíritu del Derecho Romano* y en la que encontramos análisis tales como el objeto de la técnica jurídica, la espontaneidad del Derecho, la distinción entre jurisprudencia superior y jurisprudencia inferior y el elemento central de los cuerpos jurídicos. JHERING, R. von (1998) *El Espíritu del Derecho Romano. En las diversas fases de su desarrollo.* Versión española con la autorización del autor y notas por Enrique Príncipe y Satorres. «Estudio preliminar sobre JHERING, ensayo de explicación» de José Luis Monereo Pérez. Granada: Comares, pp. 523 y ss., 299 y ss., y 558 y ss., respectivamente. Para von JHERING la jurisprudencia se divide en superior y en inferior, siendo esta última la forma «natural y nativa de la aparición del derecho inscrito en las leyes, (...) y la que dejó a la materia en esta forma», *Ibid.,* pág. 558. La interpretación es la acción principal en esta jurisprudencia. Mientras que los cuerpos jurídicos solo pueden ser definidos por los elementos

y, en su segunda etapa, realizará la crítica más «aniquiladora»[217] contra el formalismo jurídico, comprendiendo que es necesario bajar del «cielo de los conceptos» lugar que solo está disponible para los teóricos ya que, los juristas prácticos tienen otro lugar propio que, incluso, pertenece al sistema solar.

El cielo de los conceptos es un lugar de castigo en el que no entra luz y donde ni siquiera se puede respirar[218]. Una oscuridad y una angustiosa opresión conceptual que se refleja bien en la normación vital que el Derecho depara a las jornaleras. Con una formulación de este tipo vemos el lugar que merece la teoría conceptual para el segundo von Jhering. Y también encontramos la burla a Savigny, quien había encontrado dificultades para entrar en dicho lugar debido a que «no dominaba muy bien el arte de la construcción»[219] conceptual.

Esta «burla», que recoge una de las críticas bien conocidas en el ámbito jurídico a la forma y la dogmática, da cuenta de los antecedentes críticos serios del normativismo formalizador y se materializa bien en el desarrollo del caso de las JH.

La idea principal que nos sirve de guía es que los conceptos son imprescindibles, pero no como conceptos históricos, en el modo bien configurado por González Vicén, sino como construcciones materiales que dirigen a tiempo constante el sentido e interés del ordenamiento jurídico. Por eso su centralidad exige formalizar los conceptos, ir más allá de la burla historicista para despojarlos de sus atributos originarios y volverlos críticos.

Atendamos a estas propuestas en los dos apartados siguientes.

1. LA DECONSTRUCCIÓN JURÍDICA RADICAL: UNA «VERDADERA» REFORMA AGRARIA

A la vista de todo lo apuntado, se precisa una «transformación» que pasa por la deconstrucción radical del modelo jurídico, político y económico y la consecución de una «verdadera» reforma agraria que recoja la agencia y autonomía de todos los sujetos involucrados. Del mismo modo que sucedió con la obtención

---

que lo componen, a pesar de tratarse de uno de los conceptos centrales de este primer von JHERING. Junto con los de sujeto, objeto, contenido, afecto y la acción. *Ibid.,* pág. 563. De ellos dependen cuestiones tales como «la suspensión de condiciones de la existencia del Derecho, (...) o la duración perpetua o transitoria de una relación jurídica». *Ibid.,* pág. 565.

217. En expresión de González Vicén, GONZÁLEZ VICEN, F. (1987) «Rudolf von JHERING y el problema del método jurídico» en *Anuario de Filosofía del Derecho,* nº 4, pág. 223.

218. *Cf.* JHERING, R. von (1987) *Bromas y Veras en la Ciencia Jurídica. Ridendo Dicere Verum.* Madrid: Civitas. Capítulo relativo a la parte III: «En el cielo de los conceptos jurídicos. Una fantasía». pp. 216-217. Y donde describe una diferenciación también en la composición de los cerebros de los teóricos frente a los de los prácticos. *Ibid.,* pp. 231-232. Se adelanta a las críticas que, entiende, podría recibir, intentando superarlas, en el capítulo siguiente «De regreso a la tierra. ¿Cómo remediar esta situación?» donde sí podemos apreciar el escarnio en la primera parte, en la que tilda de aberración la separación absoluta entre teoría y práctica. *Ibid.,* pág. 273. Mientras que, a partir de la página 272, la crítica se materializa en un tono algo más sosegado.

219. *Ibid.,* pág. 219. Acompañaban a Savigny figuras como Puchta y Arndts.

de agencia de las JH en la representación jurídica. Permitidme realizar unas notas que desarrollen estas ideas.

Con el concepto de reforma agraria[220] se emplea una terminología polisémica. A este respecto nos parece útil la clasificación de «significados» que realiza Sumpsi, para quien existen tres «ideas» de reforma agraria. Seguimos aquí la explicación de las ideas y los conceptos de Gustavo Bueno, en la que las ideas son elementos dialécticos propios de las ciencias sociales cuyo contenido es sustantivo, mientras que los conceptos pertenecen al ámbito científico y están delimitados[221]. Una, la «reforma agraria revolucionaria»; otra, la reforma agraria tradicional; y, la tercera, la reforma agraria integral.

Con la terminología de reforma agraria revolucionaria se persigue una «transformación estructural radical [que] se produce mediante un proceso revolucionario, que da paso a la instauración de un nuevo régimen en el que se determina la abolición total o parcial del derecho de propiedad privada»[222].

La reforma agraria tradicional persigue eliminar «la clase de grandes propietarios [mediante] (…) un proceso no espontáneo de transformación de la estructura de la propiedad y de las relaciones sociales provocado por la intervención de los poderes públicos, (…) sin atender a la productividad»[223].

Mientras que, en la Reforma Agraria integral o moderna «el énfasis se pone en la consecución del aumento de la productividad (eficiencia) y, en cambio, el objetivo de equidad queda relegado a un segundo término y subordinado al criterio de eficiencia. El ataque a la gran propiedad es menos directo»[224].

En cada uno de los tipos de reforma agraria aquí expuestos nos «falla» alguna de sus premisas, sin embargo, el que más se ajusta a lo que vamos a explicar

---

220. De igual manera, es interesante la dicotomía que establece Salvador en su tesis doctoral en la que diferencia entre la reforma agraria tradicional cuyo objetivo es una transformación profunda de la tenencia de la tierra y que atiende a las medidas jurídicas y, la segunda forma, aquella que atiende a los fines y métodos económicos que no atienden a intereses sociales y no buscan una verdadera transformación, a la que denomina «mera reforma agrícola». *Vid.* SALVADOR GALINDO, N. (2018) *El papel de los movimientos sociales y sindicales en la democratización del mundo rural andaluz desde la Transición.* Granada. Director de tesis: Miguel Carlos Gómez Oliver, pp. 160-161. También es especialmente ilustrador este trabajo respecto a cuestiones como la construcción de la identidad jornalera, el estudio histórico de la reforma agraria andaluza y el análisis comparado con otras reformas agrarias como la cubana o la nicaragüense.

221. *Vid. Infra.* Capítulo III, epígrafe I. BUENO, G. (1993) *Teoría del cierre categorial. 2. La Gnoseología como filosofía de la ciencia. Historia de la teoría de la ciencia.* Oviedo: Pentalfa Ediciones, pág. 68. BUENO, G. (1990) *nosotros y ellos.* Oviedo: Pentalfa Ediciones, pág. 19. BUENO, G. (2012) «En torno a la distinción entre «Conceptos» e «Ideas» en *El Catoblepas. Revista crítica del presente.* Número 127, septiembre, pág. 2. BUENO, G. (1970) *El papel de la Filosofía en el conjunto del saber.* Madrid: Ciencia Nueva, pág. 254.

222. SUMPSI, J. Mª «La Reforma Agraria en Andalucía» en SUMPSI, J. Mª, PÉREZ YRUELA, M., et al. (1988) *La Reforma Agraria. Cuadernos y Debates.* Madrid: Centro de Estudios Constitucionales, pág. 15.

223. *Ibid.,* pág. 16 y 19.

224. *Ibid.,* pág. 19.

a continuación es el de reforma agraria revolucionaria porque es el que pretende un cambio verdaderamente radical. El fallo está en que la transformación estructural que persigue solo se daría de la mano de una revolución y eso, a día de hoy, es impensable.

Para tratar los aspectos que conforman la cuestión de la reforma agraria, debemos atender al modelo agrícola. Este modelo se remonta a la década de los años sesenta del siglo pasado cuando se pretendió la introducción del modelo californiano en el sistema agrícola andaluz. El sistema agrícola andaluz, desde la época moderna (entendida esta a partir de finales del siglo XV), es la base de un modo «nuevo de organización económica y social para Andalucía»[225] que se basa, principalmente, en una organización latifundista.

Remontarse a esa génesis nos ayuda a comprender por qué sigue siendo un problema la tierra en Andalucía. Utilizar el concepto de latifundio[226] es utilizar un concepto indeterminado al que debemos otorgar unas ciertas notas características para delimitarlo.

Dicho concepto se compone de dos aspectos, uno social y otro económico, que nos ofrecen las notas características del mismo.

Latifundio hace referencia a una gran extensión pero para hablar de una extensión grande debemos contar, como nos explica magistralmente Carrión, con, al menos, una referencia. Si seguimos a Carrión tenemos que la referencia para saber si una extensión de tierra es una gran extensión, o latifundio, podría ser, atendiendo a la función social de la tierra «una extensión diez veces mayor que la suficiente para el sostén de una familia»[227]. La vaguedad que pueda existir en esta definición se intenta solventar con la intención de atender a «la forma de explotación más corriente en la comarca» que estamos analizando.

Respecto al aspecto económico del término tenemos que todos los latifundios se cultivan intensamente y «el índice de la intensidad en el cultivo nos lo indica el capital que se emplea por unidad de superficie, y su valor social está reflejado en la participación que en el producto obtienen los obreros y toda la colectividad»[228].

---

225. GARCÍA JURADO, Ó. (2023) *Aproximación al capitalismo andaluz*. Sevilla: Autonomía Sur, pág. 19. El autor explica que es a partir de la conquista castellana cuando se produce este nuevo modo de organización en Andalucía.

226. Para un estudio de los latifundios es imprescindible la obra de Pascual Carrión *Los Latifundios en España. Su importancia, Origen, Consecuencias y Solución* y también es interesante el artículo de SEVILLA GUZMÁN, E. (1985) «Algunos precursores andaluces de la sociología rural. Segunda parte: Pascual Carrión y Blas Infante» en *Revista de Estudios Andaluces*, nº 4. En el que el autor nos aproxima a la «cuestión agraria andaluza como expresión de la injusticia social que subyace a los sistemas de desigualdades existentes en Andalucía» a través de varios autores, entre ellos el propio Pascual Carrión. *Ibid.,* pág. 23.

227. CARRIÓN, P. (1975) *Los Latifundios en España. Su importancia. Origen. Consecuencias y solución*. Barcelona: Ariel, pag. 72.

228. *Ibid.,* pág. 73.

Es decir, latifundio es aquella finca que cuenta con estas características y que, además, está «explotada extensiva y deficientemente»[229].

Por tanto, el sistema latifundista «es una expresión temprana del capitalismo agrario[230] [que da lugar a la formación de] dos tipos de mercado, por un lado el mercado de trabajo compuesto por una masa de trabajadores agrícolas asalariados que se nutre de los campesinos despojados de tierra en las conquistas y, por otro lado, el mercado de tierra, posibilidad de compra y venta de tierras durante los siglos XIV a XVI, [en el que] (…) tanto las personas como los recursos naturales pasaron a ser mercancías»[231].

Tenemos que, aún a día de hoy, las mayores extensiones de tierras fértiles siguen estando en manos de muy poca gente y de una clase social determinada[232]. De ahí que desde que se produce la organización sindical de los jornaleros se aluda directamente a la reforma agraria como solución a esta situación[233].

Aquí ya encontramos la necesidad de reconocimiento de los actores principales en el sistema agrícola: las jornaleras, una representación jurídica de las mismas para poder estar en el camino de la redistribución de la riqueza que, en este caso, son los territorios cultivables. ¿Por qué? Porque solo las personas jornaleras conocen lo suficientemente bien la situación que atraviesa el sistema agrícola. De ahí que ahora atendamos a las ideas de Sánchez Gordillo como representante de uno de los sindicatos con más peso en Andalucía, el Sindicato de Obreros del Campo (en adelante SOC)[234]. Ya nos advierte, este autor, del peligro del carácter crónico y estructural del paro en el campo andaluz.

La mecanización que se lleva a cabo en los años 70 del siglo pasado condena al paro a miles de jornaleros que tuvieron que «acogerse a la emigración de ahí que sea el SOC «el primer órgano legal donde se organizó el movimiento

---

229. *Ibid.,* pág. 74.

230. El origen de los latifundios se encuentra en la Reconquista cristiana y la desamortización. *Ibid.,* pág. 286 y ss.

231. GARCÍA JURADO, Ó. (2023) *op. cit.,* pp. 25-27.

232. Así lo podemos comprobar en los gráficos del propio Instituto de Estadística y Cartografía de Andalucía de la Consejería de Economía y Conocimiento. Disponible en: https://www.juntadeandalucia.es/institutodeestadisticaycartografia/atlashistoriaecon/atlas_cap_12.html

233. En este mismo sentido GARCÍA JURADO, Ó. (2023) *op. cit.,* pág. 37. Puesto que las consecuencias de este modelo agrario son, por un lado la despoblación, la concentración de los habitantes en pocos pueblos y las deficientes explotación del suelo y salarios a los jornaleros que trabajan esas tierras ajenas. Respecto a la concentración de los habitantes en pocos pueblos tenemos que, desde los orígenes de este sistema agrícola, los pueblos se encuentran muy lejos de la zona de trabajo. CARRIÓN, P. (1975) *op. cit.,* pp. 293 y ss. Cuestión que, también hemos visto que se les sigue sucediendo a las jornaleras hoy en día.

234. Se puede pensar en Sánchez Gordillo como alcalde de Marinaleda, como uno de los fundadores de la Candidatura Unitaria de Trabajadores (en adelante CUT) pero, sin embargo, quiero dejar claro que aquí nos adherimos a sus ideas como uno de los fundadores del SOC. Y también creo que se debe puntualizar que el SOC es el germen del actual Sindicato Andaluz de Trabajadores (en adelante SAT) que, como característica y no casual, es el sindicato más represaliado de Europa, cuyas principales líneas de actuación son las ocupaciones de fincas abandonadas en manos de bancos y la insumisión judicial.

jornalero en Marinaleda y donde los trabajadores comenzaron a (…) discutir y decidir (…) sobre lo que más preocupaba: (…) resolver el (…) paro»[235].

Las propuestas desde la acción sindical, con respecto a la reforma agraria, son de lo más interesantes, estemos o no de acuerdo con ellas:

En primer lugar, se alude a la necesidad de una necesaria reforma agraria que tome en serio las necesidades del campo andaluz y que supere con mucho la Ley de Reforma Agraria de 1984 que lo único que consiguió fue desmovilizar a los jornaleros y atarlos a subsidios.

Lo que se propone desde el movimiento sindical jornalero es una alternativa radical como es la soberanía alimentaria que es completamente incompatible con las nuevas políticas y acciones agrarias. Es decir, estamos atendiendo a una propuesta de reforma agraria revolucionaria.

Con soberanía alimentaria nos referimos al «derecho de cada pueblo o nación a definir su propia política agraria y agroindustrial. La tierra, el agua, las semillas y la comercialización de los productos agroalimentarios deben estar en manos de la comunidad que los trabaja y los produce. La tierra debe conservarse como un derecho y no como un negocio con el que poder especular»[236].

Esto choca frontalmente con lo que se denomina agricultura 4.0 que es la «introducción de tecnologías digitales en los diferentes ámbitos de las relaciones de producción, distribución, comercialización y consumo agroalimentarios»[237] que conlleva, a pesar de lo que se pueda pensar, una serie de impactos ecológicos y sociales a los que hay que atender, como son «la pérdida de biodiversidad, dependencia de combustibles fósiles, agotamiento más acelerado del agua y de la tierra, producción de nuevas semillas con agrotóxicos y la concentración de la producción con el uso global intensivo de los recursos»[238]. Y que, enlaza directamente, o mejor dicho: se basa en, «lo común» que analizaremos en el apartado siguiente.

Una de las formas de consecución de la soberanía alimentaria es a partir de una reforma agraria que considerase que (seguimos a Sánchez Gordillo): uno.- la tierra debe mantenerse al margen de la lógica de la propiedad privada; dos.- la industria agroalimentaria estuviese en manos de la comunidad trabajadora del campo; tres.- la creación de un canal público de comercialización de los productos agroalimentarios; cuatro.- la única agricultura válida es la ecológica que atienda a la emergencia climática en la que nos encontramos; cinco.- prohibidas las patentes, los transgénicos y el necrodiesel; seis.- la desprivatización del agua

235. SÁNCHEZ GORDILLO, J. M. (2017) *La utopía se conquista.* Madrid: Letrame, pp. 83-84.
236. *Ibid.,* pág. 149.
237. ARRAZOLA, Í., ESCALANTE, H. y ALMAZÁN, A. (2023) «Agricultura 4.0: una vuelta de tuerca al modelo agroindustrial» en *Soberanía Alimentaria. Una mirada crítica a la transición ecológica.* Nº 48. Disponible en: https://www.soberaniaalimentaria.info/numeros-publicados/84-numero-48/1079-agricultura-4-0-una-vuelta-de-tuerca-al-modelo-agroindustrial
238. *Ibid.*

dulce; siete.- expropiación[239] sin indemnización de los grandes latifundios; ocho.- que el monte sea considerado público; nueve.- las ayudas de la PAC sean proporcionales al empleo que se genere; y, diez.- que la política de precios garantice los costos de producción y la permanencia de los campesinos y ganaderos en las tierras trabajadas[240].

Esta es la primera de dos críticas que quería recoger aquí respecto a la necesidad de reforma agraria y de atención a la Política Agraria Común (en adelante PAC).

La segunda crítica que se realiza a la PAC, procedente del Parlamento Europeo y del Consejo de la Unión Europea, es que no atiende a los agricultores ni a las personas involucradas en el trabajo agrario y que, simplemente, se basa en principios ecológicos que van en detrimento de los sujetos afectados. Bien, atendiendo al Reglamento 2021/2115[241] tenemos que este sigue las líneas propuestas por Horizonte Europa[242] y el Fondo Europeo Agrario de Desarrollo Rural (FEADER)[243] en materia de productividad y sostenibilidad agrícolas. El propio Reglamento resalta su alto nivel de ambición en materia de medio ambiente, si bien al inicio de su redacción se sientan las pretensiones de modernización y sostenibilidad (tanto económica, como social, como medioambiental y como climática). Ya sabemos que cualquier pretensión de modernización agrícola es incompatible con la sostenibilidad ecológica.

---

239. Respecto a la cuestión de la expropiación de tierras no es una cuestión baladí y se debería atender como una de las cuestiones centrales. Principalmente por dos motivos, el primero es porque es la herramienta más fuerte que se eleva contra la propiedad privada y, segundo, porque es uno de los tres ejes de la problemática jurídica que se plantea ante el Tribunal Constitucional cuando se cuestiona la constitucionalidad de la ley de reforma agraria andaluza puesto que, como sabemos, la competencia de expropiación es estatal y no autonómica. Para un estudio pormenorizado de esta sentencia acúdase a PÉREZ ROYO, J. «Crónica Jurídica de la Reforma Agraria Andaluza» en SUMPSI VIÑAS, J. Mª, PÉREZ ROYO, J., et. Al. (1988) *op. cit.*, pág. 113 y ss.

240. *Cf.* SÁNCHEZ GORDILLO, J. M. (2017) *op. cit.*, pp. 151-155.

241. Reglamento (UE) 2021/2115 del Parlamento Europeo y del Consejo de 2 de diciembre de 2021 por el que se establecen las normas en relación con la ayuda a los planes estratégicos que deben elaborar los Estados miembros en el marco de la política agrícola común (planes estratégicos de la PAC), financiada con cargo al Fondo Europeo Agrícola de Garantía (FEAGA) y al Fondo Europeo Agrícola de Desarrollo Rural (FEADER), y por el que se derogan los Reglamentos (UE) nº 1305/2013 y (UE) nº 1307/2013. Disponible en: https://eur-lex.europa.eu/legal-content/es/ALL/?uri=CELEX:32021R2115

242. Horizonte Europa es el programa marco de innovación y de investigación (I+I) de la UE que se desarrolla entre 2021 y 2027. Desarrolla las políticas de I+D+I de la UE. Toda la información se puede encontrar en: www.horizonteeuropa.es

243. Es el fondo que financia a la Política Agraria Común para la obtención de los objetivos de desarrollo rural de la UE. Dichos objetivos son la mejora de la competitividad de la agricultura, el fomento de la sostenibilidad en la gestión de los recursos naturales y el clima y el desarrollo territorial equilibrado de las comunidades rurales y la economía. La información sobre el FEADER se puede encontrar en: https://www.fondoseuropeos.hacienda.gob.es/sitios/dgfc/es-ES/paginas/feader.aspx

De ahí que, esas críticas que estamos viendo recientemente sobre la alta preocupación medioambiental en detrimento de los productores agrícolas no se sostiene.

No se sostiene porque no prevalece al medioambiente frente a los productores y, porque en el caso de prevalecer que se cuide el medioambiente, garantiza un alto cuidado de los cultivos y siempre producirá beneficios de los productores, no iría en su contra.

Además, tampoco se sostiene que perseguir un cuidado medioambiental vaya en detrimento de la situación jurídica de los productores agrícolas como enunciaban ASAJA recientemente. Por tanto, esta segunda crítica no nos interesa porque no persigue los objetivos que aquí se están proponiendo.

La siguiente propuesta ya la hemos mencionado y es la cuestión de «lo común».

2. «LO COMÚN» COMO POTENCIAL TRANSFORMADOR JURÍDICO DE LA RECONSTRUCCIÓN JURÍDICA

La otra cuestión a tener en cuenta por la reforma agraria es la necesidad de basarse en «lo común».

De nuevo nos enfrentamos a un concepto complejo y con múltiples aristas.

Nos gusta especialmente la concepción de «los comunes», o «lo común», como «aquellos bienes que no están sujetos ni a las reglas del mercado, ni a la gestión coercitiva del Estado; que no se ubican ni en la categoría de la propiedad privada, ni de la propiedad pública, sino que se basan en los principios de uso, libre acceso, cooperación y autogestión»[244]. Esto nos hace situarnos en una esfera concreta dentro del mundo jurídico, en una especie de zona gris situada en el medio de la dicotomía entre bienes públicos y bienes privados.

Con este concepto hacemos alusión a la reivindicación que se realiza hacia lo común como una opción alternativa en la dicotomía entre lo público y lo privado que comprende como bienes comunes «los recursos materiales y sobre todo, (…) los sistemas sociales»[245]. Como realizar un estudio exhaustivo de los bienes comunes y «lo común» excede las posibilidades de este análisis, nos limitamos a destacar, en relación con la reconstrucción que proponemos desde la TCD, que lo común actuaría como elemento transformador de la sociedad y de lo jurídico.

---

244. LLOREDO ALIX, L. (2021) «Bienes comunes» en *Eunomía. Revista de la Legalidad.* Nº 19. Octubre 2020- marzo 2021, pág. 218.

245. LLOREDO ALIX, L. (2022) «Los bienes comunes como proyecto de transformación social» en ALMAZÁN, A. y BARCENA, I. (Coords.) (2022) *Nuevos Comunalismos. Una hipótesis política para el decrecimiento.* España: Ned Ediciones, pág. 149.

Esto nos lleva, de nuevo, como una espiral de la que no podemos escapar: a la creación de unas bases jurídicas representativas que atiendan a estas cuestiones para la tan aludida reforma agraria.

La tierra en esa nueva concepción que propone una reforma agraria radical, al encajar de manera perfecta en la cuestión de los bienes comunes o de «lo común», lograría evitar el problema de la tierra como un problema de acumulación de poder jurídico, con todo lo que hemos visto que ello conlleva, en manos de unos pocos. La defensa de la tierra es un ejemplo de la defensa de los comunes[246].

Además, esta formulación de reforma agraria viene de la mano de la necesidad de repensar y reformular la política migratoria ya que, el sistema tal y como lo conocemos no tendría sentido, en la medida en que se atienda a las verdaderas demandas.

Comenzábamos presentando el concepto de «lo común» o de «los comunes» como un concepto vago y ambiguo, una vez expuesta nuestra postura sobre la concepción de la tierra como conformadora de uno de esos comunes nos estamos situando en la concepción política de los comunes que proponía Lloredo[247]. Para esta concepción de los comunes se rechaza el discurso de la comprensión del bien común como algo singular puesto que lo que lo caracteriza es que se trata de espacios autogestionados comunitariamente, donde las colectividades que están involucradas cuentan con una participación activa. Además, desde esta concepción se tiene una actitud recelosa con el Derecho como sistema regulatorio de los comunes ya que la base central de los mismo son el proceso de autogestión y la actividad para conseguir una autogestión exitosa de la transformación en comunes de los espacios o las cosas, en este caso la tierra, que desde la visión dicotómica jurídica tradicional o bien pertenecían al mercado o bien al Estado[248].

De ahí que sea necesario atender a dos cuestiones, uno es la comunidad que se encargará de transformar en común esos espacios. Por eso era importante otorgar reconocimiento y representación a las jornaleras como sujetos imprescindibles en esa autogestión y transformación. Y, segunda, a la relación de compatibilidad o incompatibilidad entre Derecho y los comunes.

---

246. Respecto a la consigna de la «defensa de los comunes» acúdase a LAVAL, C. (2022) «Comunidad, Común, Comuna» en ALMAZÁN, A. y BARCENA, I. (Coords.) (2022) *op. cit.*, pág. 30. El estudio clave de lo común lo encontramos en LAVAL, C. y DARDOT, P. (2015) *Común. Ensayo sobre la revolución en el siglo XXI*. Barcelona: Gedisa. [Ed. Original: (2014) *Commun.* París].

247. El autor entiende que existen cinco grandes concepciones sobre «lo común». En primer lugar, una concepción teológica; en segundo lugar, una concepción económica; en tercer lugar, la concepción jurídica; en cuarto lugar, la concepción comunalista; y, en quinto lugar, la política. LLOREDO ALIX, L. (2021) *loc. cit.*, pp. 224 y ss.

248. *Cf. Ibid.*, pág. 230.

Lloredo cierra su artículo con una propuesta de inoculación a los ordenamientos jurídicos de prácticas comunitarias para que, estos superen algunos usos contra-hegemónicos del Derecho.

Sin embargo, aquí la cuestión es que, sin un cambio radical en todo el sistema, incluyendo al económico, no se podrá conseguir una transformación emancipadora del Derecho. Ya vimos cómo los intentos de revertir las indeterminaciones jurídicas suelen resultar fallidos. Para poder crear un Derecho que funcione como herramienta emancipadora debemos cambiar no solo el paradigma sino todo el sistema que da constructo al mundo jurídico.

Porque, ¿de qué nos serviría atender a la cuestión agraria sin atender al problema existente en la regulación de la migración? Está claro que articular una política migratoria adecuada a la situación actual no es tarea sencilla, sin embargo, situar a las trabajadoras más vulnerables en un callejón sin salida que rebase todo tipo de límites laborales está muy lejos de esa adecuación y de ese respeto por los derechos de los inmigrantes.

En este sentido, la propia Relatora especial de la ONU para los derechos de los migrantes, expuso que «la distancia existente entre el reconocimiento de los derechos de los migrantes por el derecho internacional de los derechos humanos y la realidad constituye uno de los mayores retos que plantean las migraciones internacionales»[249].

Por ello, comprendemos que la única manera de articular, desde el Derecho, una solución que atienda a las tres «R» es la realización de una verdadera reforma agraria en la que los sujetos involucrados tengan la capacidad de decidir y proponer una propuesta legislativa verdaderamente transformadora que, en su caso, necesariamente pasará por atacar uno de los pilares del sistema neoliberal: la propiedad privada.

Si no atendemos a esto tampoco podremos hablar de una redistribución, así como tampoco será suficiente la representación que puedan conseguir estos sujetos.

Y, como ya sabemos, si falla una de las tres «R», la Teoría Crítica del Reconocimiento aquí propuesta no se puede dar y, por tanto, es fallida.

---

249. Informe EC/CN 4/2005/85: Comisión de Derechos Humanos de las Naciones Unidas, 27 de diciembre de 2004.

CONCLUSIONES

En esta obra se ofrece una visión realista crítica de un caso de manera amplia en el que el Derecho se trata como un hecho social, se atiende a la vida del Derecho como su efectiva realización, como la idea práctica que indica un fin y un medio y en la que entendemos que el Derecho es una realidad social. El análisis realista de dicho caso recoge todo el entramado teórico de la propuesta de una TCD.

Lo relevante de este caso es que consiguió ofrecer una perspectiva de utilidad, y pragmática, de la propuesta de la Teoría Crítica del Reconocimiento y esto lleva aparejado que, a su vez, también ofreció una perspectiva que diese fundamento de utilidad y necesidad de una TCD.

Dicha utilidad se basa en que, gracias a esa perspectiva crítica tenemos una interpretación poco convencional sobre el caso de las JH que nos permitió ir exponiendo las cuestiones de vulneración de derechos atendiendo a las causas que dan lugar a dichas vulneraciones.

Una de las complejidades que encontramos a la hora de realización de esta obra es la relativa al proceso de jerarquización y sistematización de las distintas características que componen el caso. Porque una ordenación o una cierta jerárquica conlleva jerarquizar los distintos aspectos (o ejes) que componen el caso, y esto puede otorgar cierta importancia a unos ejes frente a otros. Aunque en nuestro caso nos esforzamos en dejar claro desde el principio que la clasificación no obedecía a importancia de unos ejes frente a otros.

Una vez clasificados, presentados y analizados los siete ejes que componen el caso el objetivo era señalar la indeterminación jurídica que supuso vulneraciones flagrantes de diferentes derechos. Esta sistematización nos allanó el camino para la obtención de dicho objetivo.

Al tratarse de un caso paradigmático de interseccionalidad, el ir diseccionando una a una las situaciones de vulnerabilidad de las JH hicieron realmente complicado la construcción de una visión panorámica del caso. Esta cuestión de presentar una visión panorámica también la podemos calificar como una dificultad pero la interpretamos como un desafío y no como un problema, debido a todas las reflexiones a las que dio lugar.

A continuación, presentamos las conclusiones a las que llegamos al realizar este trabajo.

1. La interseccionalidad como herramienta contra la indeterminación jurídica en el caso de las Jornaleras de los frutos rojos de Huelva.

Una de las primeras ideas concluyentes que encontramos del estudio de caso es que es necesario atender y afirmar a la existencia de la indeterminación jurídica para comprender las vulneraciones de derechos, especialmente en grupos vulnerables como son las JH.

Atender a esa indeterminación jurídica como la capacidad que tienen los ordenamientos jurídicos para ofrecer soluciones contradictorias e interesadas, nos ayuda a comprender que estos pueden ofrecer una solución y su contraria, situándonos en un callejón sin salida debido a que contamos con dos direcciones que nos hace avanzar en sentidos contrarios.

Para intentar ofrecer soluciones a esta indeterminación jurídica nos apoyamos en una Teoría Crítica del Reconocimiento en la que el Reconocimiento participa de una condición, el propio Reconocimiento; es decir, el continente contiene al contenido. La razón de ello la encontramos en la dependencia constitutiva que la Redistribución y la Representación tienen de ese reconocimiento y también a la inversa. Esta teoría es la que nos permitió reagrupar los ejes que componían este caso para poder visualizar los fallos en el Derecho.

Clasificados, presentados y analizados los siete ejes que componen el caso, el objetivo era señalar la indeterminación jurídica que permitió vulneraciones flagrantes de diferentes derechos. Esta sistematización nos allanó el camino para la obtención de dicho objetivo.

Tal como argumentábamos a lo largo de la obra, en la práctica no podemos atender solo a las cuestiones materiales para ofrecer una perspectiva crítica jurídica, debemos también atender a las cuestiones culturales puesto que todas influyen en la no redistribución que constituye el objetivo final de estas discriminaciones. Esta será una de las conclusiones generales de este trabajo que desarollamos en la conclusión cuarta (vid. infra).

Las soluciones propuestas al caso, a partir de la Teoría Crítica del Reconocimiento pretenden superar la indeterminación jurídica y un cambio conceptual radical de la realidad jurídica.

La realización de una reforma agraria que vaya a la raíz de los problemas nos obliga a atender a todos los factores que están en juego. Es decir, que para mejorar la vida de las jornaleras se debe comprender el sistema agrícola, su funcionamiento y así proponer las soluciones que se necesiten. No es suficiente con elaborar reformas agrarias cuyo objetivo no es mejorar la vida de las trabajadoras del campo.

De igual manera, otro elemento central es la cuestión de «lo común» que, además, nos hace tener una visión amplia, dinámica y crítica sobre la situación actual de la finitud de los recursos.

Sobre la importancia de los conceptos, hemos seguido la línea de entender que los conceptos son importantes si pretendemos un cambio del sistema jurídico y social. Sin la transformación conceptual no se conseguirá una transformación real y, por tanto, no se conseguirá esa mejora en las vidas de los no-sujetos.

Decíamos que al Reconocimiento lo encontramos en el continente y en el contenido de la propia propuesta de Teoría Crítica del Reconocimiento. Un ejemplo de esto lo encontramos en las protestas del campo que se producen en febrero de 2024 y en las que en todas esas demandas las jornaleras no aparecen. No es hasta el 17 de febrero de 2024 que aparece un artículo en el que Ana Pinto, representante de las Jornaleras en Lucha, explica cómo en esas demandas no solo no se reconoce que la labor del campo recae en los cuerpos de las jornaleras, sino que los mismos que protestan contra la Agenda 2030 se niegan a cumplir el Convenio Colectivo que aquí venimos analizando y que también interpretan como un peligro la subida del SMI a las jornaleras[250]... un Reconocimiento que encaja a la perfección respecto de lo aquí analizado: un no reconocimiento que termina en la no redistribución.

2. El poder, el reconocimiento y la justicia como elementos centrales de cualquier análisis crítico jurídico.

Fue la TCD la que nos sirvió de guía para poder establecer las líneas a seguir en la construcción del mismo.

Así, apoyándonos y basándonos en la construcción de la Teoría Crítica del Reconocimiento pudimos ofrecer unas vías de solución a este caso que, no solo superen la indeterminación jurídica, sino que pretendan un cambio radical conceptual de la realidad jurídica. Y esta construcción de la Teoría Crítica del Reconocimiento vino de la mano de sus elementos centrales: poder, reconocimiento y justicia.

Efectivamente, el poder, el reconocimiento y la justicia son los elementos de los que se compone el común denominador de cualquier corriente crítica jurídica. Y, a su vez, conforman el esqueleto sobre el que se sostiene una teoría crítica jurídica contemporánea.

Nuestra propuesta se basó en que estos tres elementos son los que conforman la Teoría Crítica del Reconocimiento Jurídico y cuya finalidad es la justicia redistributiva. Además, entendimos que el propio reconocimiento solo es posible mediante la obtención del poder representativo en el ordenamiento jurídico.

El reconocimiento jurídico crítico expande una teoría que, a través de sus elementos constitutivos, es capaz de realizar una fundamentación de los derechos.

Para ello el punto de partida descriptivo del reconocimiento convencional del que parte este trabajo es el ejercicio que realiza el sujeto jurídico activo[251],

---

250. https://osalto.gal/racismo/rueda-tractores-jornaleras-migrantes-andalucia-siguen-derechos Sobre estas cuestiones consultar también: https://jornalerasenlucha.org/el-enfado-en-el-campo/

251. Hemos construido una Teoría Crítica del Reconocimiento que cuenta con el sujeto jurídico como *prius* del ordenamiento jurídico de ahí que evitemos las propuestas posmodernas que, parafraseando a Monereo, propugnan la muerte del sujeto y la razón. *Vid.* MONEREO

(aquel que cuenta con el poder representativo de y en el ordenamiento jurídico) para determinar cuáles de sus iguales merecen la consideración de sujeto jurídico y así pasar a formar parte de nuestros ordenamientos.

Pero el recorrido en términos de justificación que proponíamos es un reconocimiento de los sujetos reificados y la justicia distributiva, pues el no reconocimiento garantiza la no redistribución y el mayor problema de la identidad del sujeto es la representación jurídica.

La herramienta principal del reconocimiento jurídico es el discurso jurídico, no neutral y no descriptivo, puesto que siempre actúa mediante la ideología y normativiza tanto a los sujetos jurídicos como a las relaciones jurídicas que conforman.

En el reconocimiento es donde encontramos la relación entre Derecho y poder puesto que son las relaciones de poder las que permiten y favorecen el ejercicio del reconocimiento jurídico. Por eso, el método para la consecución del reconocimiento es la lucha por el Derecho.

La primera parte de la cuestión concluyente de esta Teoría Crítica del Reconocimiento es que, por un lado, el reconocimiento tiene como causa y efecto la «representación jurídica» y, por otro lado, el reconocimiento siempre tiene como finalidad la «redistribución», mediante la justicia redistributiva. Por tanto, si el reconocimiento jurídico es el elemento que atraviesa a toda Teoría Crítica del Derecho, no podemos permitirnos una Teoría del Derecho que no atienda a las cuestiones materiales, a las cuestiones culturales y a las cuestiones elementales de las corrientes críticas. Es decir, si no atendemos, comprendemos y conocemos el sistema neoliberal en el que se insertan nuestros ordenamientos jurídicos no podremos ofrecer soluciones completas.

Todo ello nos lleva a concluir que un elemento central de la Teoría del Reconocimiento, como causa y como efecto, es la «justicia redistributiva». Pues, si no se reconoce no se redistribuye y si no se redistribuye no cabe reconocimiento.

3. El género como bastión teórico en las propuestas de construcción del nuevo sujeto jurídico.

La interseccionalidad, la subordiscriminación, la decolonialidad, entre otros, nos hacen reflexionar sobre la compleja red de dominación a la que se enfrentan los cuerpos.

Es por ello que el entramado de las teorías críticas se encuentre al servicio del género porque es la corriente que mejor articula la búsqueda de la igualdad con la apertura suficiente a todas las cuestiones que atraviesan las situaciones de desigualdad. Debido a que basan sus análisis a la construcción de un sujeto de alteridad, la mujer (o todos aquellos sujetos que no sean varones), a partir de los discursos de subjetivación y del «dilema de la diferencia».

ATIENZA, C. (2015) *Diversidad de Género, Minorías Sexuales y Teorías Feministas*. Madrid: Dykinson. Cuadernos «Bartolomé de las casas», pág. 80.

Sujetos subordinados que conformen la alteridad perjudicada serán muchos y, de nuevo, nos encontrábamos con la dificultad de la construcción de identidad. Esta construcción de la identidad está orientada por el dilema de la diferencia que será diferente según la asignación categorial de cada sociedad determina la inclusión o exclusión de las mujeres, de las actividades económicas, sociales y políticas.

La conclusión aquí sí es clara, o atendemos a todas las aristas (clase, género, raza, colonial) que producen las situaciones de discriminación estructural, por utilizar los términos de Barrère, o no podremos acercarnos siquiera a posibles soluciones. Estas aristas son, últimamente, denominadas (a excepción de la clase) de manera peyorativa como demandas culturales, sin embargo, todas ellas, apuntan a la cuestión de la no redistribución.

Cuestión que conforma la siguiente conclusión.

4. La dicotomía en las demandas culturales y materiales como falsa dicotomía.

Decíamos que no se pueden comprender nuestros ordenamientos jurídicos sin comprender el sistema neoliberal en el que se insertan porque entonces no podríamos ofrecer soluciones completas. También repetimos esta idea en la conclusión anterior.

Esas soluciones completas pasan por teorías críticas que atiendan a las demandas culturales de la misma forma en que se atiende a las demandas materiales, puesto que unas no se entienden sin las otras y ofrecer una teoría que prescinda de cualquiera de las dos es inservible e inasumible a estas alturas.

Es por ello que la pretensión principal de la teoría del reconocimiento aquí recogida es que se produzca un cambio estructural a partir del cambio conceptual que éste ofrece. Un cambio estructural que interpela a las corrientes críticas a ser interseccionales con la atención puesta en todas las categorías que así lo requieren. A la comprensión del neoliberalismo como el adversario no solo económico sino también epistémico. Y a la necesidad de la teoría jurídica de abrirse a la atención de todas estas cuestiones que son únicamente normativas.

Lo relevante del ejemplo utilizado es que consiguió ofrecer una perspectiva de utilidad, y pragmática, de la propuesta de la Teoría Crítica del Reconocimiento y esto lleva aparejado que, a su vez, también ofreció una perspectiva que diese fundamento de utilidad y necesidad de una TCD que atendiese a las demandas culturales de la misma manera y con la misma prioridad que a las materiales puesto que esa dicotomía es, no solo inexistente, sino que también es falsa: todas las demandas culturales son materiales puesto que el fin último es la obtención de la redistribución.

Las Jornaleras de Huelva nos ayudan a comprender que calificar como demandas culturales la vulnerabilidad económica que sufren en los pagos de sus trabajos por su origen es restar importancia e invisibilizar la finalidad no redistributiva de la contratación en origen.

Denominar demanda cultural a que los requisitos para la contratación de las Jornaleras de Huelva den preferencia a mujeres es invisibilizar y ayudar al ocultamiento de la finalidad última de ese sistema neoliberal del campo: pagar menos por tratarse de trabajos feminizados.

Lo mismo ocurre con el requisito de contratación preferente a mujeres con baja formación académica, lo único que se busca con él es intentar abusar de las condiciones de partida de estas trabajadoras para no pagar lo que corresponde a esas mujeres trabajadoras. Y no pagar lo que les corresponde no es solo relativo al contrato de trabajo, también influye en las condiciones de vivienda, de higiene, de salud, de prevención de riesgos laborales a las que son sometidas. Todo ello gira en torno al capital, lo cultural es capital en la medida en que no se aseguran vidas dignas tras la máscara de descalificar a las demandas culturales como algo ajeno a lo capitalista.

Gracias a esa perspectiva crítica tenemos una interpretación sobre el caso de las JH que nos permitió ir exponiendo las cuestiones de vulneración de derechos atendiendo a las causas que dan lugar a dichas vulneraciones. Y que, a su vez, nos permitió realizar una labor de teoría crítica: no separar la teoría de la práctica.

5. La redistribución y la teoría económica que necesitamos.

Si por algo se caracteriza comúnmente la teoría marxista es por su construcción de economía política. Es por ello que, sin ser esta una tesis sobre teoría económica, atendimos desde el inicio a cuestiones que nos ayudaban a comprender el sistema neoliberal en el que vivimos.

Efectivamente, no ofrecimos una teoría económica pero dejamos apuntadas las líneas generales de la teoría económica que necesitamos: una teoría económica crítica que atienda a cómo afecta la construcción de los sujetos jurídicos en la redistribución (justicia redistributiva) y que atienda al debate reconocimiento/redistribución.

La finalidad redistributiva del reconocimiento nos hizo concluir que la cuestión económica es preeminentemente normativa, que nos permite continuar fundamentando una teoría de la justicia contemporánea (puesto que sin redistribución no hay justicia) y que las teorías críticas jurídicas no pueden «olvidar» sistemáticamente a los/as teóricos/as que se centran en este debate.

Si el concepto de «clase» ha sido vaciado de contenido durante largo tiempo es hora de volver a rellenarlo y completarlo críticamente de la manera más compleja y completa posible. Si la dicotomía entre demandas materiales y culturales es falsa, todas aquellas cuestiones que atiendan a injusticia entre sujetos van a procurar una justicia redistributiva.

Otra de las cuestiones concluyentes importantes de este trabajo, y referente a la construcción de los sujetos jurídicos, es que comprendemos (y fundamentamos) que las demandas culturales y las demandas materiales no son diferentes, no se pueden tener como optativas y que la dicotomía en la que históricamente se asientan es falsa.

Y es en los debates del género donde encontramos una de las bases teóricas fundamentales en la cuestión de la redistribución, no es casualidad, por tanto, que definiésemos al género como bastión teórico.

También nos permitieron concluir que el sistema neoliberal es un sistema perverso que a cada momento se transforma y se vuelve más complejo, de ahí que la construcción teórica que elaboremos debe también ser compleja para atender a todas las aristas con las que cuenta el mismo.

Todo ello nos hace pensar que todo sujeto jurídico es hoy esencialmente *homo economicus* delimitado y definido por sus características económicas y productivas y su construcción conlleva siempre que existan unos sujetos que cuentan con la posición privilegiada de acaparar los recursos materiales, aún manifestándose a través de cuestiones «meramente culturales», frente a los dominados que no tienen acceso a esos recursos y son los que luchan por la obtención de la redistribución.

6. Las herramientas jurídicas ¿opresoras o liberadoras?

Una de nuestras eternas cuestiones es la de la (im)posibilidad de transformar la situación jurídica con las herramientas del propio sistema, en este caso el jurídico. Es decir, el de si se puede desmontar la casa del amo con las herramientas del amo (Lorde).

Teniendo en cuenta la base marxista de las corrientes críticas, debemos repetir la idea de que todas buscan una acción transformadora del Derecho. Pretenden acogerse al espíritu crítico para conseguir una transformación que ayude a mejorar la sociedad en la que se insertan y, por tanto, poder superar las anomalías que generalmente presentan nuestros ordenamientos jurídicos.

Esto nos conduce a proponer que el Derecho cuenta con posibilidades críticas, y que desde ellas puede desarrollar su reconstrucción en el marco de la Teoría Crítica del Reconocimiento.

El obstáculo es el componente ideológico y mitológico que conformaba la esencia de los discursos jurídicos; un componente que dificulta una transformación de la sociedad si no cambiamos de manera radical el Derecho. Para ello es preciso un cambio estructural en el sistema en el que se inserta ese Derecho puesto que, y siguiendo ahora la tesis de la primera generación de la Escuela de Frankfurt, sabemos que es de los más astutos. Si no, ¿por qué se iban a disfrazar políticas de precarización y casi esclavización laboral bajo la apariencia de un modelo favorable a la migración controlada? ¿O cómo podríamos contemplar como algo positivo políticas agrarias que van contra el medio ambiente y contra las vidas laborales de las personas jornaleras?

La gran mayoría de autores y autoras utilizadas en este trabajo aluden a la necesidad de un Derecho inserto en un sistema social justo para poder hablar de emancipación. Los cambios normativos son importantes, las modificaciones conceptuales también pero si no llevan aparejada una modificación práctica, de nada servirán. Esto exige que a la vez que se producen los cambios normativos se vaya modificando el sistema en el que se insertan.

Entendemos que para ofrecer una teoría crítica jurídica que sea verdaderamente operativa se debe realizar un ejercicio de rescate de todas las categorías tratadas en este trabajo. De tal manera que, cuanto más complejo es el análisis del entramado jurídico, más mecanismos tendremos para poder atender a sus enmascaramientos, ocultamientos o incluso perversiones que devienen de su íntima relación con el poder. Y más herramientas tendremos para intentar modificar la estructura, a pesar de la dificultad que sabemos que eso conlleva.

Por todo lo expuesto, la Teoría del Derecho tiene que ser crítica si quiere cumplir la función del conocer sin caer en la justificación dogmática. Las corrientes críticas jurídicas se complementan y, en la medida en que lo hacen, consiguen modelar un origen, una ruta y una metodología para una Teoría iuspositivista pero, esta vez, Crítica.

En la base de todo ello, es cierto, se desarrolla una teoría crítica y de justificación política, social y económica que, entre otras cosas, trata de transformar al discurso del Derecho en términos de reconocimiento, representación y de justicia distributiva.

Tenemos que continuar trabajando en estas ideas para la construcción de herramientas jurídicas liberadoras.

BIBLIOGRAFÍA

La bibliografía que se presenta está clasificada de una manera estrictamente alfabética en la que en el caso de existir varias obras de un mismo autor/a se organizan a través de guiones y por año de aparición de la edición manejada.

En el caso de obras utilizadas que no fuesen las originales, se cita por orden de aparición de la edición manejada y, en la parte final entre corchetes, aparece la edición original para que sea más sencilla su búsqueda, en el caso de que se necesite acudir a ellas.

En el caso de utilizar dos ediciones se indica el año de publicación de la edición manejada, como es el caso de la obra conjunta de Nancy Fraser y Axel Honneth, para facilitar la búsqueda a quien lo necesite.

AGAMBEN, G. (2006) *HOMO SACER. El poder soberano y la nuda vida. I.* Valencia: Pre-Textos. [Ed. Original: (1995) *Homo sacer. Il potere sovrano e la nuda vita.* Torino: Giulio Einaudi editore s.p.a.].

AGUILÓ BONET, J. A. (2010) «Hermenéutica diatópica, localismos globalizados y nuevos imperialismos culturales: orientaciones para el diálogo intercultural» en *Cuadernos interculturales*, vol. 8, núm. 14. Chile: Universidad de Playa Ancha.

ALMAZÁN, A. y BARCENA, I. (Coords.) (2022) *Nuevos Comunalismos. Una hipótesis política para el decrecimiento.* España: Ned Ediciones.

ALONSO CUERVO, I., BIENCINTO LÓPEZ, N. et. Al. (2014) *Los factores de desigualdad de género en el empleo. La transferencia de buenas prácticas para la igualdad de género en el empleo.* Del Grupo Temático Nacional de Igualdad de Oportunidades UAFSE. Estructura de Apoyo EQUAL-Eje 4.

ARAB, C. (2020) *Las señoras de la fresa. La invisibilidad de las temporeras marroquíes en España.* Madrid: Ediciones del oriente y del mediterráneo.

ARRAZOLA, Í., ESCALANTE, H. y ALMAZÁN, A. (2023) «Agricultura 4.0: una vuelta de tuerca al modelo agroindustrial» en *Soberanía Alimentaria. Una mirada crítica a la transición ecológica.* Nº 48. Disponible en: https://www.

soberaniaalimentaria.info/numeros-publicados/84-numero-48/1079-agricultura-4-0-una-vuelta-de-tuerca-al-modelo-agroindustrial

ARTETA, M. (2016) «La hermenéutica crítica de Habermas: una «profundización» de la hermenéutica gadameriana» en *Contrastes. Revista Internacional de Filosofía.* Vol. XXI- n°2.

BARRÈRE UNZUETA, Mª Á. (2019) *Feminismo y Derecho. Fragmentos para un Derecho Antisubordiscriminatorio.* Argentina: Eds. Olejnik.

BARRÈRE UNZUETA, M. y MORONDO TARAMUNDI, D. (2011) «Subordiscriminación y Discriminación Interseccional: elementos para una teoría del Derecho Antidiscriminatorio» en *Anales de la Cátedra Francisco Suárez,* 45.

BARTHES, R. et al. (1970) *Análisis estructural del relato.* Buenos Aires: Ed. Tiempo Contemporáneo. [Ed. Original: (1970) *L'analyse structurale du récit. Communications,* n° 8].

BAYLOS GRAU, A. (Coord.) (2013) *Modelos de Derecho del Trabajo y Cultura de los Juristas.* Albacete: Eds. Bomarzo.

BENJAMIN, W. (2019) *Iluminaciones.* Madrid: Taurus. [Ed. Original: (1972) *Essayauswahl.* Frankfurt am Main: Suhrkamp Verlag].

BOUTELDJA, H. (2017) *Los blancos, los judíos y nosotros. Hacia una política del amor revolucionario.* Madrid: Akal/inter pares.

BRIZ, J. FELIPE, I. de (2011) *La Cadena de Valor Agroalimentaria.* Madrid: Ed. Agrícola, S. A.

BUENO, G. (1970) *El papel de la Filosofía en el conjunto del saber.* Madrid: Ciencia Nueva.

—(1990) *nosotros y ellos.* Oviedo: Pentalfa Ediciones.

—(1993) *Teoría del cierre categorial. 2. La Gnoseología como filosofía de la ciencia. Historia de la teoría de la ciencia.* Oviedo: Pentalfa Ediciones.

—(2012) «En torno a la distinción entre «Conceptos» e «Ideas» en *El Catoblepas. Revista crítica del presente.* Número 127, septiembre.

BUTLER, J. y FRASER, N. (2016) *¿Reconocimiento o redistribución? Un debate entre marxismo y feminismo.* Madrid: Traficantes de sueños. [FRASER, N. (1995) «From Redistribution to Recognition? Dilemmas of Justice in a 'Post-Socialist' Age» in *New Left Review,* I, 212, July- August disponible en: https://newleftreview.org/issues/i212/articles/nancy-fraser-from-redistribution-to-recognition-dilemmas-of-justice-in-a-post-socialist-age ; BUTLER, J. (1998) «Merely Cultural» in *New Left Review,* I, 227, January-February, disponible en: https://newleftreview.org/issues/i227/articles/judith-butler-merely-cultural and FRASER, N. (1998) «Heterosexim, Misrecognition and Capitalism: A Response to Judith Butler» in *New Left Review,* I, 228, March-April, disponible en: https://newleftreview.org/issues/i228/articles/nancy-fraser-heterosexism-misrecognition-and-capitalism-a-response-to-judith-butler].

CAMAS RODA, F. (2016) *Trabajo decente e inmigrantes en España. Un estudio sobre los derechos laborales de los trabajadores migrantes y del objetivo internacional del trabajo decente.* Barcelona: Huygens Editorial.

CAMPOS, F. J. (2010) «Nociones Fundamentales del Realismo Jurídico» en *Revista de Ciencias Jurídicas,* n° 122.

CAPELLA, J. R. (1968) *El Derecho como Lenguaje*, Barcelona: Ariel.

—(1976) *Materiales para la crítica de la Filosofía del Estado*. Barcelona: Fontanella.

—(1996) *Grandes esperanzas. Ensayos de análisis político*. Madrid: Trotta.

—(1997) *Fruta Prohibida. Una aproximación histórico-teorética al estudio del derecho y del estado*. Madrid: Trotta.

CARRIO, G. R. (1973) *Notas sobre Derecho y Lenguaje*. Buenos Aires: Abeledo-Perrot.

CARRIÓN, P. (1975) *Los Latifundios en España. Su importancia. Origen. Consecuencias y solución*. Barcelona: Ariel.

CASTILLERO QUESADA, S. (2022) *Las sin tierra: rompiendo el mito de la musa andaluza*. Córdoba: Almuzara.

CEINOS SUÁREZ, Á. (2006) *El trabajo de los extranjeros en España*. Madrid: Wolters Kluwer España.

COLLINS, F. (2004) «What we do and don't know about 'race', 'ethnicity', genetics and health at the dawn of the genome era», en *Nat. Genet.* 36 (11 suppl.).

D'ERAMO, M. (2022) *Dominio. La guerra invisible de los poderosos contra los súbditos*. Barcelona: Anagrama. Argumentos. [Ed. Original: (2020) *Dominio. La guerra invisibile dei potente contro i sudditi*. Milán: Giangiacomo Feltrinelli Editore].

DÍAZ, E. (2009) «Realismo crítico y Filosofía del Derecho» en *DOXA. Cuadernos de Filosofía del Derecho, 32*.

ECHEVARRÍA, B. (2010) *Modernidad y blanquitud*. México: Era.

ENRIQUE TORRES, L. (2006) «El «genoma» laboral: Orígenes, componentes y evolución del derecho del trabajo» en *Quaderns de ciencies socials,* núm. 5.

FILIGRANA, P., LALANA, B. *et al.* (2021) *Informe Jurídico: La situación de las jornaleras en los campos de fresa de Huelva*. Disponible en: https://jornalerasenlucha.org/la-situacion-de-las-jornaleras-de-huelva-en-la-industria-del-fruto-rojo-informe-juridico/

FILIGRANA, P. y RAMOS, T. (2021) *Valoración jurídica de determinadas actuaciones de la ITSS en el marco del sector de la fresa en Huelva*, disponible en: https://jornalerasenlucha.org/la-situacion-de-las-jornaleras-de-huelva-en-la-industria-del-fruto-rojo-informe-juridico/

FOSTER, M. W., SHARP, R. R. (2004) «Beyond race: towards a whole-genome perspective on human populations and genetic variation» en *Nat. Rev. Genetics. Perspectives.* Vol. 5. Oct.

FRASER, N. (2006) «Reinventar la justicia en un mundo globalizado» en *New Left Review,* n° 36.

—(2000) «Nuevas reflexiones sobre el reconocimiento» en *New Left Review,* n° 4.

—(2020) *Los talleres ocultos del capital. Un mapa para la izquierda*. Madrid: Traficantes de Sueños. [Ed. Original: 1. (2014) «Behind Marx's Hidden Abode: For an Expanded Conception of Capitalism» en *New Left Review,* n° 86, marzo-abril. 2. (2014) «Can Society Be Commodities all the Way Down?

Post-Polanyian Reflections on Capitalist Crisis» en *Economy and Society,* vol. 43, n° 4. 3. (2017) «Why Two Karls are Better tan One: INtegrating Polanyi and Marx in a Critical Theory of the Current Crisis» *en* BOHMANN, U. (Ed.) *A Critical Theoyr of Politics Today,* Berlin: Suhrkamp Verlag. 4. (2016) «Contradictions of Capital and Care» en *New Left Review,* n° 100, julio-agosto. 5. (2018) «Is Capitalism Necessarily Racist?» en *Proceedings and Addresses of the American Philosophical Association,* vol. 92. 6. (2019) «Democratic Crisis as Capitalist Crisis: Beyond Politicism» en KETTERER, H. y BECKER, K. (Eds.) *Was stimmt nicht mit der Demokratic?Eine Debatte mit Klaus Dörre, Nancy Fraser, Stephan Lessenich und Hartmut Rosa,* Berlín: Suhrkamp Verlag. 7. (2009) «Feminism, Capitalism and the Cunning of History» en *New Left Review,* núm. 56, marzo-abril. 8. (2013) «A Triple Movement?» en *New Left Review,* núm. 81, mayo-junio. 9. (2017) «From Progressive Neoliberalism to Trump- and Beyond» en *American Affairs,* vol. 1, n° 4. 10. (2012) «On Justice» en *New Left Review,* n° 74, marzo-abril].

FRASER, N. y HONNETH, A. (2006) *¿Redistribución o reconocimiento? Un debate político-filosófico.* Madrid: Morata.

—(2018) *¿Redistribución o reconocimiento?* Madrid: Morata. [Ed. Original: (2003) *Umverteilung oder Anerkennung?* Frankfurt: Suhrkamp Verlag].

GARCÍA JURADO, Ó. (2023) *Aproximación al capitalismo andaluz.* Sevilla: Autonomía Sur.

GARGARELLA, R. (2008) *Teoría y Crítica del Derecho Constitucional.* Tomo II. Buenos Aires: Abeledo Perrot.

GONZÁLEZ VICEN, F. (1987) «Rudolf von JHERING y el problema del método jurídico» en *Anuario de Filosofía del Derecho,* n° 4.

HABERMAS, J. (1982) *Conocimiento e interés.* Madrid: Taurus.

JHERING, R. von (1987) *Bromas y Veras en la Ciencia Jurídica. Ridendo Dicere Verum.* Madrid: Civitas.

—(1998) *El Espíritu del Derecho Romano. En las diversas fases de su desarrollo.* Versión española con la autorización del autor y notas por Enrique Príncipe y Satorres. «Estudio preliminar sobre JHERING, ensayo de explicación» de José Luis Monereo Pérez. Granada: Comares.

JIMÉNEZ RODRIGO, Mª L. (2018) «El abordaje de la discriminación múltiple en el empleo: Revisión de políticas y buenas prácticas en la Unión Europea» en *Revista Internacional y Comparada de RELACIONES LABORALES Y DERECHO DEL EMPLEO,* volumen 6, número 3, julio-septiembre.

KLATT, M. (2017) *Hacer el Derecho explícito. Normatividad semántica en la argumentación jurídica.* Madrid: Marcial Pons.

LABARI, N. (2022) *El último hombre blanco.* Barcelona: Literatura Random House.

LARA FOLCH, P. (Ed.) (2023) *Filosofías de las Identidades Políticas. Cuerpos, Memorias y Representación en el entramado contemporáneo.* Madrid: Catarata.

LAVAL, C. y DARDOT, P. (2015) *Común. Ensayo sobre la revolución en el siglo XXI.* Barcelona: Gedisa. [Ed. Original: (2014) *Commun.* París].

LLOREDO ALIX, L. (2021) «Bienes comunes» en *Eunomía. Revista de la Legalidad.* Nº 19. Octubre 2020- marzo 2021.

LÓPEZ SÁNCHEZ, C., VILASECA GARCÍA, C. y SERRANO JAPA, J. M. (2022) «Interseccionalidad: La Discriminación Múltiple desde una Perspectiva de Género» en *Revista Crítica de la Historia de las Relaciones Laborales y de la Política Social,* nº 14.

MALDONADO-TORRES, N. (2015) «Transdisciplinariedad y decolonialidad» en *Quaderna,* nº 3.

MARTÍN VALVERDE, A. y GARCÍA MURCIA, J. (2023) *Derecho del Trabajo.* Madrid: Tecnos.

MARX, K. (1977) *Crítica del programa de Gotha.* Moscú: Ed. Progreso.

—(2008) *Carta a Arnold Ruge.* Tercera serie. [Ed. Original: (1843)].

MESTRE I MESTRE, R. (Coord.) (2008) *Mujeres, Derechos y Ciudadanías.* Valencia: Tirant Lo Blanch.

MIEDES UGARTE, B. y REDONDO TORONJO, D. (2007) «Trabajadoras extranjeras en los campos freseros: de la necesidad a la invisibilidad» en *Trabajo: Revista iberoamericana de relaciones laborales,* (Ejemplar dedicado a: Nuevas perspectivas y nuevos problemas en torno al empleo) nº 20.

MONEREO PÉREZ, J. L., MOLINA NAVARRETE, C. y MORENO VIDA, Mª NIEVES (2014) *Manual de Derecho del Trabajo.* Granada: Comares, 12ª Edición.

MONTOYA MELGAR, A. (2007) *El Empleo Ilegal de Inmigrantes.* Navarra: Thomson Civitas, Cuadernos Civitas.

—(2009) *Idoelogía y Lenguaje en las Leyes Laborales de España (1873-2009).* Navarra: Aranzadi, Thomson Reuters.

MONEREO ATIENZA, C. (2015) *Diversidad de Género, Minorías Sexuales y Teorías Feministas.* Madrid: Dykinson. Cuadernos «Bartolomé de las casas».

MOUFFE, C. (Ed.) (2012) *Dimensiones de democracia radical. Pluralismo, ciudadanía, comunidad.* Argentina: Prometeo Libros. [Ed. Original: (1992) *Dimensions of Radical Democracy. Pluralism, Citizenship, Community*].

MOYA AMADOR, R. (Dir.) y SERRANO FALCÓN, C. (Coord.) (2016) *Estudios sobre los diversos aspectos jurídicos del trabajo de la mujer.* Navarra: Aranzadi.

OLARTE, S. (2008) *Políticas de Empleo y Colectivos con Especiales Dificultades. La «Subjetivación» de las Políticas Activas de Empleo.* Navarra: Thomson Aranzadi.

PANARIELLO, M. (comisariada) (2021) *E(U)XPLOITATION. Gangmastering: The southern question Italy, Spain and Greece.* Italia: Terra. Riavvia Il Pianeta.

PEÑA, L., AUSÍN, T., y DIEGO, Ó. (Eds.) (2010) *Ética y Servicio Público.* Madrid: Plaza y Valdés.

RAMOS PASCUA, J. A. y RODILLA GONZÁLEZ, M. Á. (Eds.) (2006) *El Positivismo Jurídico a examen. Estudios en homenaje a José Delgado Pinto*, Salamanca: Ediciones Universidad de Salamanca, AQUILAFUENTE, nº 95.

REIGADA, A. (2023) *Historia, trabajo y territorio. El conflicto capital-vida en los campos de fresas de Huelva.* Barcelona: Universitat de Barcelona Edicions. Estudios de Antropología Social y Cultural.

REY MARTÍNEZ, F. (2008) «La discriminación múltiple, una realidad antigua, un concepto nuevo» en *Revista Española de Derecho Constitucional*, nº 84.

ROBERTS, D. (2012) *Fatal Invention: How Science, Politics and Big Bussiness Re-create Race in the Twenty-First Century*. New York: The New Press.

ROJAS, V. M. (2016) «Cuatro paradigmas de la epistemología jurídica.» en *Revistas Jurídicas*, nº 16, México: UNAM.

ROBLES MORCHÓN, G. (2006) *El Derecho como texto. Cuatro estudios de teoría comunicacional del Derecho*. Navarra: Aranzadi.

—(2007) *Pluralismo Jurídico y Relaciones Intersistémicas. Ensayo de Teoría Comunicacional del Derecho*. Navarra:Aranzadi- Thomson Civitas.

RODRIGUES, J. (2022) *O Neoliberalismo não é um slogan*. Lisboa: Tinta da China.

ROMAGNOLI, U. (2013) «Derecho Laboral y Marco Económico: Nexos de Origen y Perfiles Evolutivos» en *Revista de Derecho Social*, nº 64.

RUIZ, A. E. C. (2013) *Teoría Crítica del Derecho y cuestiones de género*. México: Suprema Corte de Justicia de la Nación.

SALVADOR GALINDO, N. (2018) *El papel de los movimientos sociales y sindicales en la democratización del mundo rural andaluz desde la Transición*. Granada. Director de tesis: Miguel Carlos Gómez Oliver.

SÁNCHEZ GORDILLO, J. M. (2017) *La utopía se conquista*. Madrid: Letrame.

SARAT, A. (1983) «The Maturation of Political Jurisprudence» en *The Western Political Quarterly*, Dec, vol. 36, nº 4.

SERRE, D. y PÄÄBO, S. (2004) «Evidence for gradients of human genetic diversity within and among continents» en *Genome Res*, nº 14, 9.

SEVILLA GUZMÁN, E. (1985) «Algunos precursores andaluces de la sociología rural. Segunda parte: Pascual Carrión y Blas Infante» en *Revista de Estudios Andaluces*, nº 4.

SHAPIRO, M. (1963) «Political Jurisprudence» en *Kentucky Law Journal*. Vol. 52, Issue, 2.

SMITH, R. M. (1988) «Political Jurisprudence, The «New Institutionalism», and the Future of Public Law» en *The American Political Science Revie*, Mar. Vol. 82, nº 1.

SOUSA SANTOS, B. de (2005) *El milenio huérfano. Ensayos para una nueva cultura política*. Madrid: Trotta.

SUAY RINCÓN, J. (2022) «Justicia Constitucional y Principio de Igualdad: Un examen de la Última Jurisprudencia Constitucional (2017-2021)» en *IgualdadES*, 6.

SUMPSI, J. Mª, PÉREZ YRUELA, M., et al. (1988) *La Reforma Agraria. Cuadernos y Debates*. Madrid: Centro de Estudios Constitucionales.

UBERO PANIAGUA, A. (2025) *Teoría Crítica del Derecho. Una teoría del reconocimiento jurídico a través de diez corrientes críticas del Derecho*. Atelier. https://doi.org/10.71237/HH81T4o1

VALLE, J. del (Ed.) (2015) *Historia Política del Español. La creación de una lengua*. Madrid: Aluvión.

VERÓN, E. (1987) *La Semiosis Social. Fragmentos de una teoría de la discursividad*. Barcelona: Gedisa.

YUDELL, M. (2014) «Breve historia del concepto de la raza» en *Pasajes: Revista de pensamiento contemporáneo,* nº 44.

YUDELL, M., ROBERTS, D. et al., (2016) «Taking race out of human genetics» en *Science,* vol. 351, Issue 6273.

ZILLER, J. (2022) *Principios de Igualdad y No Discriminación, una perspectiva de Derecho Comparado.* Consejo de Europa: EPRS. Servicio de Estudios del Parlamento Europeo.

Documentos emitidos por organismos públicos

1. ORGANISMO PÚBLICO DE ÁMBITO NACIONAL Y PROVINCIAL

— Denuncia 21/0001680/21 de 6 de marzo de 2021.
— Convenio Colectivo de los Trabajadores del Campo en la Provincia de Huelva, de 24 de febrero de 2023.
— Ley 14/1986, de 25 de abril, General de Sanidad reformada el 23 de marzo de 2023.
— Ley 31/1995, de 8 de noviembre, de Prevención de Riesgos Laborales.
— Ley 3/2007, para la igualdad efectiva de mujeres y hombres.
— Ley Orgánica 2/2009 aprobado por el Real Decreto 557/2011, de 20 de abril.
— Ley Orgánica 4/2000, de 11 de enero, sobre Derechos y Libertades de los Extranjeros en España y su Integración Social.
— Ley 15/2022, de 12 de julio, Integral para la Igualdad de Trato y la No Discriminación.
— Orden ISM/1289/2929, de 28 de diciembre, por la que se regula la gestión colectiva de contrataciones en origen para 2021.
— Orden ISM/1289/2020, de 28 de diciembre, por la que se regula la gestión colectiva de contrataciones en origen para 2021.
— Orden ISM/1485/2021, de 24 de diciembre, por la que se regula la gestión colectiva de contrataciones en origen para 2022.
— RD 2720/1998, de 18 de diciembre, por el que se desarrolla el artículo 15 del Estatuto de los Trabajadores en materia de contratos de duración determinada.
— Real Decreto Legislativo 5/2000, de 4 de agosto, por el que se aprueba el texto refundido de la Ley sobre Infracciones y Sanciones en el Orden Social.

— Real Decreto Legislativo 2/2015, de 23 de octubre, por el que se aprueba el texto refundido de la Ley del Estatuto de los Trabajadores.
— Real Decreto 231/2020, de 4 de febrero, por el que se fija el salario mínimo interprofesional para 2020.

2. UNIÓN EUROPEA

— Carta Social Europea.
— Convenio 95 OIT, relativo a la protección del salario, suscrito el 1 de julio de 1949 y ratificado por España el 12 de junio de 1958.
— Convenio 97 OIT, sobre los trabajadores migrantes (revisado), 1949.
— Convenio 190 OIT, sobre la eliminación de la Violencia y el Acoso en el Mundo del Trabajo, de 21 de junio de 2019.
— Directiva 1999/70/CE del Consejo, de 28 de junio de 1999, relativa al Acuerdo marco de la CES, la UNICE y el CEEP sobre el trabajo de duración determinada.
— Directiva 2003/88/CE del Parlamento Europeo y del Consejo de 4 de noviembre de 2003 relativa a determinados aspectos del tiempo de trabajo en materia de seguridad y salud en el trabajo.
— Informe EC/CN 4/2005/85: Comisión de Derechos Humanos de las Naciones Unidas, 27 de diciembre de 2004.
— Nuevo Pacto Europeo de Migración y Asilo, cuyo acuerdo fue alcanzado a finales de diciembre de 2023.
— Pacto Europeo sobre Inmigración y Asilo 13189/08 ASIM 68 del Consejo de la Unión Europea, de 24 de septiembre de 2008.
— Reglamento (UE) 2021/2115 del Parlamento Europeo y del Consejo de 2 de diciembre de 2021 por el que se establecen las normas en relación con la ayuda a los planes estratégicos que deben elaborar los Estados miembros en el marco de la política agrícola común (planes estratégicos de la PAC), financiada con cargo al Fondo Europeo Agrícola de Garantía (FEAGA) y al Fondo Europeo Agrícola de Desarrollo Rural (FEADER), y por el que se derogan los Reglamentos (UE) n° 1305/2013 y (UE) n° 1307/2013.